701호 아줌마에서
기본 7천만 원 버는
공인중개사 워킹맘

경력단절 여성들과
초보 공인중개사를 위한
부동산 투자 수업

701호 아줌마에서
기본 7천만 원 버는
공인중개사 워킹맘

김정미 지음

경력단절 여성들과
초보 공인중개사를 위한
부동산 투자 수업

청년
정신

거래절벽을 대비하는 단 하나의 기회,
결국은 땅!

이런 속담이 있다.

'남이 장에 가니 거름 지고 따라간다.'

내게는 필요치 않음에도 남이 하니까 나도 한다는 심리를 묘사한 옛말이다.

남이 다들 하는데 나만 하지 않으면 뒤처질 것 같은 조바심이 들 때가 많다. 본 중심이 명확하게 확립되어 있는 사람이라면 별 문제가 되지 않겠지만 기준을 갖고 있지 못한 사람들은 나중에 후회하는 일이 생기더라도 다른 사람들이 가는 길을 따라간다. 투자도 마찬가지이다.

한창 주식시장이 열기를 뿜어내던 시절이 있었다. 1990년대 후반에서 2000년 초로 기억한다. 주식의 '주' 자도 모르는 나 역시 옆집 언니를 따라 주식시장에 발을 들였다. 잘 만하면 아이 학원비 이상으로 수익을 올릴 수 있다면서 같이 하자고 권하는 옆집 언니의 말 한 마디에 시작된 주식투자였다.

언니를 따라 처음으로 구경하게 된 주식객장, 붉고 푸른 숫자들로 전광판은 어지러웠지만 신기했다. 이곳이야말로 내 주머니를 넉넉하게 채워줄 장소라는 생각이 들어 가슴이 쿵쾅거렸다.

객장엔 남자를 거의 찾아볼 수 없었다. 나보다 젊거나, 내 또래이거나 혹은 나이가 좀 더 든 부인들로 시장 바닥처럼 북적거렸다. 간혹 갓난아기를 유모차에 태워 데리고 온 젊은 엄마들도 보였다. 어디서, 무엇이, 이토록 많은 여자들을 이곳으로 몰려들도록 만들었던 것일까?

돌이켜보자면 그녀들 대다수는 '남들을 따라 장에 온' 어설픈 초보 투자자들이었다.

지금도 많은 초보 투자자들이 이웃 지인들 손에 이끌려 적금이나 저축으로 모은 종잣돈을 들고 부동산 사무실을 찾는다. 내게도 그렇게 찾아오는 초보 투자자들이 있다. 부동산에 관한 지식이나 정보에 완전히 맹목인 이들이 대부분이다. 가끔은 나름대로 공부를 하고 찾아오는 이들도 있지만 비율로 따지자면 아직도 '부동산에 투자해 수익을 올릴 수 있다는 생각만 가지고 있을 뿐 손실을 입을 수도 있다.'는 건 꿈도 꾸지 않는 이들이 대부분이다. 안타깝지만 현실이다.

나는 사무실로 찾아오는 초보 투자자들에게 처음부터 매물을 권하지 않는다. 대신 시장 상황과 지역에 대한 정보를 충분히 설명하고 각 분야별 매물에 대해서도 일러준다. 또 방문 첫날에는 아무리 좋은 매물이라도 계약을 진행하지 않는다.

처음 방문한 손님들은 투자를 결정한 뒤에도 집으로 돌아가면 밤잠을 설치며 고민을 하는 경우가 많다. 부부가 함께 와서 결정을 한 경우임에도 다음날 밤새 잠을 이루지 못해 부석부석한 얼굴로 사무실로 찾아와 계약을 파기하고자 하는 경우가 허다하다.

하지만 중개사인 내 입장에선 아직 투자 여부에 대한 생각이 정립이 되지 않은 상태로 결정을 했으니 그렇게 행동할 수 있다고 이해하더라도 계약 상대방은 기분이 나빠질 수밖에 없다. 이것이 현실이다. 그럼에도 현실을 제대로 이해하지 못하는 경우가 있다.

우리나라는 대부분의 아이들이 성장하고 자립할 때까지 경제교육을 받지 못 한 채로 사회에 발을 딛는다. 경제에 대한 개념이나 돈에 대한 사고가 정립되어 있지 않다. 따라서 투자도 서툴고, 막상 투자를 한다고 해도 방법을 제대로 몰라 실패하는 경우가 많다. 그리고 어렵게 모은 종잣돈을 첫 번째 투자에서 날려버리고 나면 "그래, 나는 부동산투자와 맞지 않아. 역시 저축이 제일이야."라며 스스로를 위로하고 투자에 대한 마음을 접는다. 일종의 합리화 작업이다.

그래서 나는 지금부터라도 자녀들에게 돈의 개념을 가르쳐야 된다고 생각한다. 경제에 대한 교육을 받으며 성장하게 되면 자연스럽게 사회 초년생이 됐을 때, 경제와 투자에 눈을 뜨게 되며 부화뇌동하는 투자로 소중한 자산을 잃게 되는 실수는 하지 않게 된다.

가령 결혼을 앞둔 예비 부부나 사회 초년생들이라면 자신의 인생 로드맵을 그려보고 단계별로 어떤 그림을 그려야 하는지, 그 설계부터 시작하는 게 원칙이다. 내 경우를 놓고 보자면 인생의 큰 그림을 제대로 그리지 못했기에 실패를 경험했다고 생각한다.

나는 왜 인생 설계도가 필요한지를 많은 실패를 거듭하고 이 나이가 되어서야 알게 되었다.

모르는 길을 간다고 하면 우선 무엇을 해야 하는지 생각해보기를 바란다. 목적지를 찾아가기 위해서는 지도를 보며 길을 찾거나 내비게이션을 켜서 어떤 길로 얼마쯤 가야 하는지 살펴보고 시간을 예측해 출발한다. 지도조차 없었던 시절에는 아는 사람에게 물어서 찾아갔다. 그러면서 시간을 중요하게 생각하는 사람은 시간을 줄이는 지름길을 안내 받았을 것이고 안전성을 중요하게 생각하는 사람은 넓고 편한 길로 안내했을 것이다. 그리고 사람들은 여행자에게 저마다 자신이 알고 있는 최고의 길로 안내를 해주었을 것이다.

인생도 마찬가지다. 목표점을 정하고 어떤 길로, 어떻게 목표를 향해 갈 것인지를 정해야 한다. 하지만 대부분은 그렇게 하지 않고 그냥 달려왔고 그렇게 살고 있다.

이제껏 인생을 살아오면서 어떤 목표점을 정하고 그 목표를 향해서 어떤 길로 어떠한 방식으로 달려왔는지를 돌이켜보았다. 과연 정확한 목표를 세우기는 했었는지 의심스러웠다. 그냥 아무런 그림도 그리지 않고 하루하루를 열심히만 살았다. 인생의 목표는 아주 단순하게 부자로 잘사는 것이었다. 그것이 전부였다. 남들에게 뒤쳐지지 않고 적당한 돈을 벌면서 말 잘 듣고 공부 잘하는 아이들로 키우는 것, 그리고 나이가 들면 공기 좋은 전원에서 편안한 삶을 보내는 것이었다. 그러다가 책 속에서 만나는 부자들이나 성공한 사람들을 보면서 "나도 저렇게 부자가 되어야지."하는 생각을 하곤 했다.

성공한 사람들을 직접 만날 기회는 많지 않았다. 내가 접할 수 있는 성공한 사람은 책 속에 있었다. 책 속에서 성공한 사람들의 생각을 찾아내고 살아온 길을 읽으면서 나의 발전을 이끌어내고 그들이 했던 방식을 모방함으로써 나를 성공자의 길로 끌고 나갔다. 투자에서도 마찬가지이였다. 누군가의 성공스토리를 읽고 그들이 해온 성공 방식들을 배워 적용하면서 하나씩 나의 성공으로 만들어갔다.

하지만 요즘엔 성공한 사람들에 대한 이야기를 책이 아닌 다양한 매체를 통해서 접할 수 있다. 텔레비전 방송만 해도 다양하다. 셀 수도 없을 만큼 다양한 채널들이 있고 배우고자 하는 열정만 가지고 있다면 얼마든지 가능하다. 1인 미디어시대가 열리면서 각 분야의 전문가들이 쏟아내는 정보의 양이 어마어마 하다. 하나를 익히기도 전에 새로운 정보들이 쏟아져 나오는 시대를 살고 있다.

굳이 책이 아니더라도 귀로 들을 수도 있다. 시간이 없다는 말은 핑계로 묻혀버릴 정도의 세상이 됐다. 누구나 혼자만 쓸 수 있는 스마트 폰도 있다. 불과 십여 년 전에는 모바일 정보가 이렇게 빠른 속도로 성장하고 세상을 지배하게 될 거라고 생각한 사람들은 드물었다. 하지만 이제 손 안에 있는 스마트 폰 하나로 불가능한 것이 없는 시대에 와 있다.

　책을 읽을 시간이 없는 사람은 영상을 보면서 정보를 취할 수도 있다. 또 성공한 사람들보다도 더 가까이 멘토라는 개념으로 나의 성공이나 인생을 이끌어주는 다양한 사람들이 곁에 있다. 멘토라는 이름으로, 자신이 닮아가고 싶은 롤 모델이나 성공과 인생을 이끌어주는 선생님 같은 사람들을 주위에서 찾을 수가 있다.

　누구를 만나느냐에 따라 인생이 바뀔 수 있다. 제아무리 뛰어난 인물일지라도 혼자 가면 멀리 가지 못한다. 훌륭한 이들의 옆에는 늘 스승이 있었고, 함께 했다.

　기꺼이 초보 투자자들에게 멘토가 되어주고 싶다. 그들이 원한다면 내가 겪은 실패와 성공에 대해 정성스레 들려주고 성공을 돕고 싶고 그래서 내가 경험하고 배운 것들을 아낌없이 퍼내이 공간에 담으려 한다. 실패한 투자자로 등을 돌리지 않도록 돕고자 한다. 주저하지 말고 두드렸으면 좋겠다. 손을 잡고 함께 가기를 바란다.

김해에서, 17년차 공인중개사

김정미

차례

부자엄마의 부동산 수업

성공과 실패는 한 끗 차이다

에필로그

Chapter 1

땅을 보면 꿈이 보인다

여자 나이 서른일곱,
부동산 공부를 시작하다

"행복한 삶이란 무엇일까요?"

이런 질문을 받는다면 평범한 삶을 살아가고 있는 보통사람들의 입에서는 이런 말이 나올 것이다.

"돈 걱정 없이 사는 거요."

사람들이 살아가면서 가장 원하는 바가 무엇일까를 생각해보지만 대부분의 사람들이 바라는 것은 돈 걱정 없이 사는 게 행복한 인생일 것이다. 물론 돈이라는 가치가 반드시 행복의 기준이 될 수는 없겠지만 자본주의 사회에서 돈은 인생의 자유를 가져다주고 행복을 느끼게 하는 기준이 되는 것은 틀림없다.

저마다의 기준으로 삶을 규정짓고 살아가는 사람들에게도 최소한의 행복을 위해서는 돈이 필요하다, 아니 많을수록 좋은 건 누구나 다 안다. 평범한 가정에서 태어나 어린 시절을 보냈고, 지극히 평범한 사람과 결혼해 가정을 꾸려 살아가고 있는 이른바 대한민국의 보통 사람으로 살아가고 있던 나 역시 그랬다.

최근 자료를 보면 '외벌이' 가정이 '맞벌이' 가정보다 자녀 숫자가 더 많고, 소득에 비해 미래를 준비하는 보험 가입에도 활발한 것으로 조사됐다. 맞벌이 가정보다 자녀가 많고 보험료를 더 많이 지출한다는 것은 소득에 비해 지출하는 평균비용이 많다는 뜻이다.

맞벌이 가정의 경우에는 여자도 경제력이 있기 때문에 적어도 자신이 하고 싶은 것은 '최소한'이라도 누리며 살아갈 수 있다. 경제적 자유와 시간적 자유가 상대적으로 많을 수 있다는 것이다.

그러나 외벌이 가정은 다르다. 오롯이 경제권을 쥐고 있는 남편뿐만 아니라 시댁 눈치도 봐야 하기에 돈에 대한 욕구와 물질적 소유욕이 더 강할 수도 있다. 정도의 차이는 있겠지만.

자녀 교육도 마찬가지다. 금수저가 아닌 이상 남편 벌이에서 최대치를 빼서 자녀 교육비에 투자한다. 그러다보니 맞벌이 부부에 비해 외벌이 부부의 경제 상황은 빠듯할 때가 많고, 아내 입장에서는 빡빡하기만 한 살림살이에서 재테크 계획까지 세우기가 쉽지 않다. 물론 그렇다고 해서 자녀에 대한 사랑까지 빠듯한 것은 아니지만.

부모로서 가장 먼저 아이들에게 줄 수 있는 것은 무엇일까? 자녀에 대한 사랑이라고 할 수 있지만 사랑을 주는 것에서도 물질을 먼저 떠올린다. 좋은 옷을 입히고 맛난 것을 먹이고 또 남들보다 더 나은 교육을 시키는 것이 좋은 부모의 조건이라고 생각하고 사랑이라 여긴다. 남들이 다 보내는 유치원이 아니라 영어전문유치원에 보내고 싶고 중고 동화책이 아니라 최근에 출간된 예쁜 전집 동화책도 사 주고 싶은 게 엄마의 마음이다. 당연히 남편 혼자 벌어서는 부모로서 해 줄 수 있는 것이 한계가 있다.

전업주부가 처음으로 맞벌이를 생각하게 되는 이유 역시 '아이를 학원에 보내기 위해서는 한 푼이라도 더 벌자.'라는 생각에서 비롯된다. 나 역시 그랬다. 당장 돈벌이에 나설 여건이 되지 않을 때는 외벌이 가정에서 할 수 있는 최고의 재테크가 아끼고 절약해야만 하는 것이다.

만에 하나 지난달보다 지출이 늘어나기라도 하면 외벌이 가정의 주부는 왠지 모르게 죄인과도 같은 느낌을 받는다. 물론 외벌이 부부도 재테크에 신경만 잘 쓴다면 맞벌이 부부만큼의 효과를 얻을 수 있다고 들었지만, 내 경우는 달랐다. 그저 내 집을 마련하는 일이 멀게만 느껴질 뿐이었다.

자존감이 바닥을 치고 있었다. 아이들을 키우는 데는 알게 모르게 상당한 돈이 들어가는데, 눈에 띄는 돈이라면 차라리 떳떳하게 할 수라도 있지만 소소하게 들어가는 돈들은 눈에 드러나지 않게 통장 바닥을 긁는다. 아이들이 자라고, 유치원에서 학교에서 돌아오는 아이들에게 엄마인 내가 해 줄 수 있는 건 입에 맞는 간식과 따뜻하게 안아주는 손길뿐이다.

하지만 아이들은 맛난 간식보다도 유행하는 게임기와 예쁜 옷을 더 원했다. 아이들이 원하는 걸 해 주기 위해서는 뭔가 일을 찾아야 만했다. 그리고 지금의 나보다 잘 살아낼 자신이 있는 무엇인가를 찾고 싶었다. 그리고 언젠가는 부자가 되리라 마음먹었다.

우리는 남편 혼자서 버는 외벌이 가정이었지만 외벌이라고 해서 부자로 살아가고 싶은 꿈마저 없는 것은 아니었다. 아니 맞벌이 가정보다도 더 절실한 마음이었으리라. 그런 간절한 마음이 하늘에 닿았는지 때마침 위층에 사는 언니(이하 A 언니)의 소개로 학습지를 채점하는 일을 하게 됐다.

당시 중·고등학생을 대상으로 하는 학습지는 담당 학습지 교사가 수업을 하고 나면 과제로 내준 학습지를 사무실로 가져와 채점하고 다시 수업시간에 배부해 주는 시스템이었다. 집에서 하면 되니 아이들을 돌보면서도 가능했다.

단순하게 생각하면 학습지를 채점하는 게 얼마나 힘들겠느냐고 하겠지만 주어진 시간에 채점을 해서 돌려주어야 하는 한정적인 시간 때문에 쉽지 않았다. 채점해야 할 시험지가 엄청 많았고 단순히 맞다 틀리다가 아니라 틀린 문제마다 첨삭을 해야만 했기 때문이다.

국어와 수학 시험지를 채점했는데, 논술 형태의 국어 답안지는 깨알 같은 글씨로 엄청난 양을 첨삭해야 했다. 반드시 수기로 첨삭을 해야 해서 일주일에 3일 이상은 서너 시간도 자지 못할 때가 많았다. 볼펜으로 꾹꾹 눌러서 읽기 쉽게 정자로 써야 하니 며칠 동안 씨름을 하고 나면 손목이 시큰거렸고 팔과 어깨가 내려앉는 것만 같았다.

그렇게 해서 한 달 내내 몇 십 만 원 정도가 손에 들어왔다. 그 정도도 감사한 일이었지만 일하는 시간과 노동 강도를 생각하니 성이 차지 않았고, 몇 달을 하고 나니 눈도 팔목도 무리가 가서 망가지고 있었다. 좋아하는 책조차 쳐다보기가 싫었다. 작은 글씨를 보는 것 자체가 스트레스였다. 더 이상 계속하다가는 시력이 악화돼 아무것도 볼 수 없을 것 같은 두려움까지 느껴졌다.

다른 도전을 해야 했다. 결혼을 할 당시 아이들을 조금 키워놓고 맞벌이를 할 생각을 했었기에 무엇이든 일자리를 찾기 위한 궁리를 했다. 그러던 중 갑자기 A 언니가 이사를 가게 되었다. 예상치 못한 A 언니의 부재로 상실감을 느꼈던 나는 새로운 무언가를 배우기로 결심했는데, 고민할 것도 없이 부동산이었다.

막연하게나마 땅을 보면 꿈이 보일 것만 같았다. 게다가 아무래도 A 언니의 부재로 허전함을 느꼈던 내게는 공허함을 채울 핑계거리가 필요했던 것 같다. 어쨌든 공부하는 동안은 기대와 희망으로 열정을 불태웠고 끝내 자격증을 손에 쥐었다. 말로 표현할 수 없는 엄청난 성취감과 쾌감이었다.

뚜렷한 목표를 세우고, 그 목표를 향해 최선을 다해 달려 이루어냈을 때의 기분은 훨씬 더 감개무량하다. 이로써 나는 서른일곱이라는 나이에 인생 제2막을 맞이하게 되었던 것이다.

누구 엄마, 몇 호 아줌마에서
부동산 소장님으로

종종 이런 생각을 해본다.

'내가 만약 부동산시장에 뛰어들지 않았다면 어땠을까?'

아마도 치킨가게에서 튀김 반죽을 하거나 멍한 얼굴로 의류 가게에서 마네킹에 신상을 입히고 있을지도 모를 일이다. 그 일이 하찮다는 말이 아니다. 그 정도로 전업주부로서 할 수 있는 일이 극히 제한적이라는 뜻이다. 마치 특별한 기술이 없는 대한민국의 많은 퇴직자들이 포화상태인 자영업에 뛰어들 수밖에 없는 것처럼.

물론 부동산중개업도 영세한 자영업자이기는 마찬가지다. 다만 '자격증'이라는 옷걸이가 든든한 힘이 되어준다. 옷을 걸고 싶어도 자격증이라는 옷걸이가 없으면 걸지 못하는 것과 같다. 남들 눈에는 하찮게 보일지도 모를 그 자격증 하나로 여기까지 왔고, 지금의 내가 있게 된 계기인 셈이다.

장사든 뭐든 무엇인가를 시작해보고 싶지만 자본도 없고 경험도 없는 사람들이 할 수 있는 일이 있을까? 자격증을 취득하는 방법이 가장 빠르다. 다양한 자격증이 있지만 내가 선택한 것은 공인중개사였다. 부동산은 나름 매력적인 직업이며 투자할 수 있는 기회가 많을 것이라는 생각을 했다. 부동산 공부를 하기 전부터 투자라는 것에 매력을 느끼고 있었고 직접 투자를 해본 경험도 있으니 이보다 더 좋은 선택은 없었다.

당장 눈앞에 놓인 돈만을 쫓아가는 것이 아니라 제대로 공부해서 투자를 통해 부자도 되고 직업으로 삼는다면 남은 인생은 별무리 없이 살아갈 수 있다고 판단했다. 그래서 일 년 정도는 남은 60년의 인생을 위해 과감하게 투자하기로 했다.

부동산을 공부하는 일 년 동안은, 학원과 독서실을 오가며 집안일을 최소한으로 줄여나갔다. 학교 엄마들 모임이나 동네 아줌마들의 모임도 차츰 거리를 두었다. 물론 얼굴을 마주하고 아이 키우는 이야기, 세상 돌아가는 이야기를 나누다보면 시간가는 줄 모르기도 하고 또 나름 얻는 정보도 있었지만 그렇게 시간을 소비하고 나면 아까운 시간과 돈을 투자하고도 남는 건 아쉬움뿐이었다.

그들은 나보다 적게는 한두 살에서 많게는 열 살 이상 차이가 날 정도로 다양했고, 나와 비슷한 환경, 나와 별로 다를 것 없는 삶을 살고 있었다. 어떤 때는 그래도 내가 이들보다는 조금은 나은 것 같다는 자기 위로와 자만에 빠지기도 하면서 이런저런 잡담을 나누다 보면 마음은 편했다.

하지만 공부하기에도 모자란 시간을 그렇게 보낼 수는 없었다. 그렇게 흘려보낸 시간들이 지금 돌이켜보면 얼마나 한심하고 아까운 시간들이었는지 안타깝다.

공부를 시작하면서 사회생활이랄 것까지도 없는 그런 모든 모임활동을 끊었다. 모든 집중력을 공부에 쏟았다. 그렇지만 학교를 졸업한 뒤로 십 년 이상 책 한 권 제대로 손에 잡아보지 않고 살았으니 당연히 머리는 굳어 있었다. 외워야 하는 법들은 아무리 외워도 돌아서면 백지로 남았다. 조금만 봐도 눈에 무리가 가고 허리가 아팠다.

따라주지 않는 머리와 몸도 힘들었지만 내 손으로 밥 먹이고 입히고 씻기며 해온 일들을 한순간에 손을 놓기란 그리 쉽지 않았다. 남편 역시 마찬가지였다. 전형적인 경상도 남자는 퇴근한 뒤 집에 들어와서도 물 한 잔도 직접 떠 마신 적이 없었다.

어떻게 해서든 일 년, 아니 한 번에 승부수를 내야 만했다. 식구들을 일 년 이상씩 고생시킬 여유가 부족했기에 내게 주어진 시간을 철저하게 활용해야 만했다.

나는 우선 '불필요한 모임을 만들지 말자.'라는 원칙을 시간 절약법으로 세웠다. 신경을 써야 하는 모임 두 개를 선택해 잘라내기로 한 것이다.

첫 번째가 아침마다 열리는 '티타임'이었다.

아이들을 학교나 유치원에 보내고 나면 누군가의 집에 옹기종기 모여앉아 '모닝커피'라고 이름 붙인 울타리 안에서 담소를 나누는 것인데, 가장 먼저 잘라내야 할 습관이 된 것이다.

다음은 '학부모 모임'이다.

에너지를 쓸데없는 곳에 낭비하고 싶지 않았고 과도한 정신적 에너지 소모를 피하고 싶었다. 아니 이런저런 소리가 듣고 싶지 않았다. 귀를 막음으로써 최상의 컨디션을 유지할 수 있었고 오로지 공부에만 집중할 수 있었다. 이렇듯 학부모 모임도 다 잘라냈다.

한동안은 뒤에서 수근대는 소리에 뒤통수가 따가웠지만 그 또한 귀를 닫으니 더 이상 신경 쓰지 않아도 되었다. 학교 학부모 행사에 빠지는 게 아이들에게 미안하지는 않았느냐고 묻는다면 단언컨대 그런 생각을 하지 않았다고 자신 있게 답할 수 있다. 나름대로 극성 엄마(?)로, 적어도 전업주부로 있는 동안에는 최선 이상으로 다했었다고 생각했기 때문이다.

다만 어린 딸아이와 한 가지 약속은 했다. 공인중개사 자격증 시험에 한 번에 합격하겠다는 약속. 딸아이는 어리지만 같은 여자라는 동질감 때문인지 소소한 일들로 나를 기쁘게 했고 내 손을 덜어주었다. 처음에는 투덜대던 남편도 여름 즈음이 되자 생각이 많이 바뀌어갔다.

남편은 일요일이나 휴일 나들이는 내가 없으면 절대로 혼자 아이들을 데리고 집을 나서는 법이 없는 사람이었다. 싫은 티를 내며 투덜대고 일요일에도 꼭 공부를 해야만 하느냐며 짜증을 내기도 했다. 그때마다 미안함과 알 수 없는 죄책감이 들어 기운이 빠졌다.

하지만 남편은 어쩔 수 없는 상황에 이르게 되자 한두 번씩 아이들을 데리고 외출을 시도하기 시작했다. 늘 유쾌한 얼굴로 나가지는 않았지만 이제까지와 비교를 해본다면 아마도 다른 사람이 된 것 같은 생각이 들 정도였으니 내가 생각해도 기특했다.

그런 시간들을 제외하고 공부하는 일 년 동안 오로지 한 우물만 팠다. 여름이라고 해도 바닷가에 가서 콧바람 한 번 쐬지 못한 채 늦은 밤까지 독서실에서 모기들과 전쟁을 벌이며 매진했다. 꼭 만나야 할 필요가 있거나 내가 아니면 안 되는 일들에만 시간을 할애하기로 하고 나머지 시간은 백 세 시대를 준비하는 내 미래를 위해 아낌없이 투자했다.

여름이 지나고 가을로 접어들면서는 시어머니가 아이들을 돌봐주셨는데, 이로 인해 공부시간을 두 배로 확보할 수 있게 됐다. 아마도 이 시기에 어머니의 도움이 없었더라면 일 년 만에, 한 번에 해내지 못했을 수도 있었다. 그렇게 가족 모두의 도움으로 성과를 보게 되었다.

돌이켜보면, 세상 물정 모르는 아줌마에서 세상을 알아가는 사회인의 기틀을 잡았고 나도 부동산중개사로 성공할 수 있다는 '자신감'과 '성취감'을 심어준 시간이었다. 결코 내 인생에서 빠질 수 없고 중요한 한 획이다.

무슨 일에서든 최선을 다한다면 적어도 후회는 없다는 것을 안다. 부동산 공부로 인해 아이들에게 두 번의 고충은 주고 싶지 않았고 나 역시 2년은 지탱할 힘이 없었다. 어떻게 하든 일 년으로 끝내야 한다고 생각했고 자신도 있었다. 그리고 마침내 해냈다.

두 번은 겪고 싶지 않다. 물론 공부하는 것은 지금도 좋아한다. 하지만 자격증을 따기 위해서 이해보다는 암기로 목숨을 거는 공부는 한 번으로 족하다고 생각한다. 다만 한 번 성취감을 맛본 이상 더는 뒤로 물러서고 싶지 않았다.

누구 엄마, 몇 호 아줌마에서 소장님으로의 변화는 내 인생의 커다란 전환점이 되었다. 실제로 공인중개사 자격증 하나가 내게는 많은 의미가 있다.

예상치 못한 기회를 만들어주는 도구이자, 나 자신을 들여다보는 방법이고, 나아가 나의 잠재력을 끌어내는 원동력이면서 작은 성취를 바탕으로 삼아 더 큰 성취로 나아가게끔 도와주는 디딤돌이기도 하다.

그날 이후로 무슨 일이 있어도 앞으로만 발을 내딛기로 결심했다. 속도는 중요하지 않다. 가장 중요한 건 방향이고, 그 마음은 지금도 그대로다. 그래야만 앞으로의 나의 인생이 언제 어디서나 더 당당해질 수 있다고 믿고 있다.

실패에도
기준점이 있다

부동산투자에서도 누구나 한두 번은 성공할 수 있다.

하지만 언제나 성공만 있는 것은 아니다. 제아무리 뛰어난 투자자, 고수라고 할지언정 단 한 번의 실패도 없었다면 아주 운이 좋거나 거짓이라고 봐도 된다. 이처럼 어떤 투자도 완벽할 수 없으며, 백 퍼센트 성공이라는 것도 없다.

나 역시 부동산투자를 해오면서 성공한 투자도 있지만 그에 못지않게 실패한 투자도 있다. 신이 아닌 이상 실패를 맞보게 되는 것이다. 때에 따라 과정은 다르더라도 결국에는 실패로 끝나는 경우가 적지 않다.

실패를 했다고 하더라도 과정까지 아무런 의미가 없는 것은 아니다. 인생은 실패한 경험으로부터 더 많은 것들을 배우고 깨우친다. 누구나 성공을 바라지만 벼는 익을수록 고개를 숙이고, 실패를 통해 성장하며 깨우친다. 실패가 두려워 시도조차 하지 않는 것은 성공할 확률까지도 아예 저버리는 행동이다. 물론 무턱대고 도전하는 것 역시 실패의 지름길이다.

나는 실패에도 기준점이 있어야 한다고 믿는다. 자신이 할 수 있는 것과 할 수 없는 것을 구별하고 나서 도전한다면 실패해도 부분의 실패일 뿐 인생 전체의 실패는 아닌 것이다.

결과보다 과정이 더 소중하므로 자신의 꿈까지 망쳐서는 안 된다. 실수가 나오지 않을 때까지, 실패하지 않을 때까지 반복해서 부족한 점을 채워야 한다. 반면에 본인의 역량을 과대평가한 나머지 한쪽 눈을 감고 지나친 욕심만 가지고 도전한다면 얘기가 달라진다.

물론 단순한 부동산을 중개하는 일만 했다면 '실패의 기준점'이라는 의미 자체를 모르고 살았을 것이다. 부동산중개는 파는 사람과 사는 사람의 중간에서 서로를 연결해 주는 개념이지 사업의 성격은 아니기 때문이다.

가족이나 주변 지인들은 그렇게까지 할 필요가 있겠느냐고 이야기하지만 일을 하다 보면 상황이라는 것도 있을 수 있고 욕심이 생기기 마련이다. 그리고 그 욕심으로 인해 힘들어지기도 한다.

외부에서 부동산중개업을 보면 시간도 많고 편한 직업으로 보일 수도 있겠다. 하지만 막상 현장에 몸담고 있는 중개사들이 겪고 있는 세상은 보통의 직장인들보다 더 큰 노동력을 필요로 하며 시간적인 면에서도 결코 자유롭지 않다.

직장인들은 성과를 떠나 날짜가 되면 자동적으로 급여가 들어오지만 공인중개사는 어떤가. 지나친 자기 비하라고 할 수도 있지만 우리는 시간과 노동을 제공하면서도 결과를 내지 못하면 한 푼도 받지 못한다. 불합리하지만 그게 현실이다.

상황이 이렇다 보니, 공인중개사로서 어느 정도 경력이 쌓이면 다른 방향으로 생각이 바뀌게 된다. 주위를 둘러보면 벌써 많은 사람들이 투자나 개발을 통해 잘 나가는 것처럼 보이고, 나보다 잘할 것 같지 않은 사람들도 그렇게 하는 걸 보면 욕심이 생긴다. 외도 아닌 외도의 시작인 셈이다.

한눈을 팔기엔 버거운 세상에서 살아가는 일은 만만치 않다. 대부분의 삶은 딱 자신이 감당할 수 있는 한계선까지 밀려나기 쉽고, 그런고로 다른 것들에 신경을 쓸 겨를이 없다. 게다가 한 번 한눈을 팔게 되면 걷잡을 수가 없다.

그렇다고 해서 한눈팔지 말고 오로지 한곳에만 집중하라는 말이 아니다. 한 가지만 열심히 하면 성공과 행복이라는 보상이 저절로 따라오는 시대는 지났다. 한 우물만 파며 열심히 달려온 사람이라면, 그럼에도 삶이 만족스럽지 않다면 감히 '한눈파는 시간'을 만나보라고 권하고 싶다.

다만 초보자의 경우는 얘기가 달라진다. 한눈을 파는 시간에 기본에 충실해야 한다. 한 우물을 파기에도 시간은 부족하다. 기본에 충실한 사람만이 다양한 우물로부터 경험을 쌓고 융합할 수 있기 때문이다.

내 우물을 알기도 전에 다른 우물을 비교하고 평가하기란 쉽지 않다. 설령 한다고 한들 제대로 해낼 수가 없다. 좁은 시야를 가진 우물 안 개구리에서 벗어나 여러 우물을 자유자재로 오고가며 다양한 경험을 쌓고 싶다면, 지금 당장 내 우물을 바라보며 기본기를 다져야 한다.

부동산중개업에서 기본과 정도는 중개다. 투자를 하고 건축을 하고 개발에 눈을 돌리는 순간 외도가 되는 것이다. 물론 개발이나 건축으로 성공의 길을 걷는 사람들도 있다. 그렇게 한다고 해서 모두가 실패하는 건 아니다. 이 말인즉 모두가 성공을 하는 것도 아니라는 의미다.

처음으로 부동산중개업으로 들어섰을 때는 단순하게 접근했다. 부동산 공부를 하면서 늘 들었던 소리가 돈을 많이 벌 수 있다는 얘기였다. 나 역시 돈을 많이 벌 수 있을 거라는 생각을 했다. 상가와 땅에도 투자를 해봤던 터라 자만심에 젖어서 못할 것 없다고 생각했다. 부동산 개발로 많은 돈을 쥘 수 있을 거라고 확신했고, 실패는 조금도 떠올리지 않았다. 자신만만했고 거만했다.

그러나 하나부터 열까지 생각만큼 쉽지 않았다. 모든 일들이 마음먹은 대로 이루어지는 것이 아니라는 깨달음을 그때 얻게 됐다. 특히 공장부지 개발은 순조롭지 않았다. 남들은 쉽게만 하는 것처럼 보였는데 중간 중간 걸림돌이 많았다. 전혀 예상치 못한 것은 아니었지만 생각보다 숨은 악재들이 많았다. 큰돈을 대출해 뛰어들었던 터라 위험부담도 컸고 제때 공사가 진행되지 않고 예상보다 기간이 늘어나게 되면서 다달이 들어가는 은행 이자만 해도 감당하기 버거웠다.

애써 웃으면서 생활을 꾸려가고 있기는 했지만 속은 썩어 들어가고 있었다는 걸 그땐 몰랐다. 어느 누구에게도 실패한 모습을 보여주고 싶지 않았던 것은 실패의 기준점에 대한 개념이 없었기에, 그것이 곧 나의 자존심이라고 생각했기 때문이다.

그땐 몰랐다. 그것이 초보 공인중개사들이 흔히 하는 실수라는 것을, 그런 그릇된 강박관념이 얼마나 좋지 않은 결과를 초래하는지를. 하지만 길게 놓고 보자면 그런 실패 또한 내 삶에서 하나의 자양분이 되었다는 것 또한 분명하다.

실패는
뼈아픈 고통만 주지 않는다

어려움을 겪고 있는 와중에 부동산사무실 운영 또한 좋지 않았다. 마음이 콩밭에 가 있으니 사무실인들 잘 굴러갈 리가 없었다. 크고 작은 문제들이 일어나면서 사무실 운영마저 힘이 들자, 혼자만의 세상에 나를 가두기 시작했다.

마음의 문을 서서히 닫은 것이다. 외향적인 성격은 아니었지만 그나마 중개업을 하면서 나아지긴 했었다. 그리고 다시 원래 상태로 돌아가는 데에는 많은 시간이 걸리지 않았다.

그 누구에게도 속마음을 보여주기 싫었다. 가족들에게는 더더욱 그랬다. 그러다 보니 몸이 대신해서 그걸 표현하기 시작했다.

아침에 일어나면 자주 몸이 붓고 일어나는 게 힘들어 이불 속으로 자꾸 숨어들었다. 처음엔 만성 피로라고만 생각했다.

　사실 부동산을 시작하면서부터 제대로 한번 쉬어본 적이 없었다. 부동산시장의 특성상 주말이 더 바빴다. 지금은 부동산협회에서 일요일을 휴무로 지정하는 곳들이 많아 다소 여유롭지만 당시만 해도 일요일은 쉴 수 있는 날이 아니었다. 자연히 주말이 없는 생활을 이어오다 보니 몸이 온전치 못했다.

　컨디션이 좋지 않을 뿐이라고 생각하기에는 걱정스러운 부분이 생겨났다. 운동을 좋아하지 않아 걷는 것조차 싫어하기도 했지만 운전을 하는 도중에 신호대기를 하다가 다리가 떨려 나도 모르게 브레이크 페달을 놓치는 일이 생기기도 했다. 신호를 기다리는 동안 페달을 밟고 있는 게 힘들어 사이드 브레이크를 채웠다. 심지어 계단을 오를 때도 다리가 떨려 한 손으로 다리를 잡아야만 했다. 나는 단순히 운동부족일 뿐이라고 스스로를 다잡았다.

　그런데 멈추지 않는 설사는 설명이 되지 않았다. 인터넷도 찾아보고 책도 뒤적거려 보았지만 짧은 의료 지식으로 알 수 없었다. 혹시 암은 아닐까? 하는 생각까지 들었다. 아니고서야 이렇게 설사가 멈추지 않을 리가 없지 않은가. 다만 한 가지만큼은 확실했다. 장염도 앓아봤지만 분명 장염은 아니었다. 당시 배가 아프지는 않았으니까 말이다.

　선무당이 사람 잡는다고 그때부터 나는 마구 상상의 나래를 펼

치기 시작했다. 덜컥 '큰 병이면 어쩌나? 아직 정리해야 될 것들
이 많은데. 아이들도 아직은 엄마가 필요한데…' 등 온갖 생각들
이 꼬리에 꼬리를 물었지만 병원을 찾을 용기는 나지 않았다. 혹
시나 병이 현실로 확정되는 게 무섭고 두려웠다.

투자에 성공했다면 다른 마음이었겠지만 아직은 아니었다. 만
약 내가 돈을 벌었다면, 그 돈으로 치료를 하고 다시 투자를 해서
성공하면 되지만 지금의 나는 아직 성공과는 멀었다. 내가 남아
서 정리해야 하는 것들이었다. 누구도 대신 해 줄 수 없어서 아플
수도 없었다.

가깝게 지내던 옆 사무실 친구가 나를 보고는 아무래도 좋아 보
이지 않는다며 병원에 가보라고 걱정했다. 큰 병이라면 더 커지
기 전에 치료를 하는 게 좋다고 설득했다. 당장 이번 달 은행이자
가 내겐 더 큰 걱정이었지만, 차분하게 다시 생각을 해보니 내가
살아 있어야 재기도 가능하고 회복도 가능하다는 생각이 들었다.

우선 동네 병원을 찾아 검사를 받았고, 일주일 동안 결과를 기
다렸다. 아무것도 아니라고, 피곤해서 그렇다고 외면할 때는 견딜
수 있었는데 막상 검사 결과를 기다리는 시간은 초조했다.

그도 그럴 게 다급해지면 의지할 곳을 찾는 게 사람이다. 힘들
면 정신력이 흩어져 어디라도 기대고 싶고 위로받고 싶어진다. 자
연스럽게 초자연적인 존재, 그러니까 신을 찾게 되었다.

아침 출근길에 산을 올라 절을 찾았다. 막상 법당에 들어가면
기도 대신 지나온 삶에 대한 후회가 밀려왔다. 잘한 것보다는 못

한 일들로 힘들어지고 괴로운 나날의 연속이었다. 그런 와중에 가족들에겐 병원에 가는 것조차 알리지 않았다. 체면이 서지 않는 일이라고 생각했다. 일도 제대로 못하면서 병까지 얻었다는 자책감이 들었고, 식구들에게 짐이 되고 싶지 않았다.

일주일이라는 시간이 그토록 길게 느껴진 적은 단 한 번도 없었다. 결과가 나오는 날은 시집가는 새색시처럼 떨렸다. 제발 암만 아니기를 바랐다. 기도의 응답이었을까. 다행히 암은 아니었다. 갑상선 부위에 이상이 생겼으나 수술할 정도는 아니고 일단 호르몬을 조절하는 약물치료를 하면 된다는 진단이었다.

원인은 극심한 스트레스. 현대인들에게 흔하디흔한 증상이었다. 스트레스로 온몸의 호르몬이 반응을 일으킨 것이다. 살려고, 살기 위해 발버둥을 친 것이다.

결자해지라는 말처럼 나 스스로 풀어나가야 하는 것 말고는 방법이 없다는 결론에 도달했다. 다시 힘을 내야 만했다. 굳건한 의지 덕분인지 몰라도 병원에서 처방받은 약을 먹자 몸은 금세 좋아졌다. 아침이면 코끼리보다 더 커지던 발이 전처럼 돌아왔고 배변도 정상을 되찾았다.

일주일 동안 겪었던 심리적 고통으로부터 벗어나면서 호랑이 기운이 솟아났다. 이제는 다시 열심히 일해야 한다고 다짐을 했다. 물론 먼저 피폐해진 마인드부터 수리하는 게 급선무였다. 나를 위해서, 그리고 아이들 앞에서 당당한 엄마로 다시 일어서기 위해서.

　이때부터 나는 마인드 컨트롤에 관심을 가지기 시작했고, 관련 서적을 닥치는 대로 읽기 시작했다. 아무렴 모든 사람들이 성공만 하면서 살지는 않을 것이다. 설사 지금 성공자로 인정받는 사람들도 그러할 것이리라. 그리고 나는 실패의 기준점을 찾아내기로 결심했다.

　과연 그들은 어떤 마인드를 가지고 살아가기에 성공을 이루고, 자신의 건강까지 지키는 행운아가 되었을까. 성공자의 반열에 오르고 싶은 내 마음은 더 간절해졌다.

　간절함에는 막다른 골목이 없다. 나는 한동안 마음을 비우고 책에만 몰입했고, 그 결과 실패가 결코 실패로 끝나는 게 아니라는 걸 알게 됐다. 쇠는 담금질을 하면 할수록 단단해지고 더 좋은 쇠가 되어 좋은 칼이 되기도 하고 단단한 호미가 되기도 한다. 대장장이가 힘들다고 해서 담금질을 소홀히 하면 좋은 연장이 나오기는 힘든 것처럼 사람도 마찬가지다.

　성공만 있는 사람들에게 그 성공의 가치는 위대하지 않다. 하지만 실패를 거듭하여 이룬 성공은 오래 지속된다. 성공에는 만족도 없고 닳힘도 없고 끝도 없다. 성공은 더 나은 미래를 향한 진행형이다.

부자의 사고방식을
훔치자

"돈이 없어 사글세를 살더라도 부잣집 다락방에 살아야 해."

누군가가 이렇게 말했다. 이 말이 도대체 어떤 의미인지를 그때 잘 알지 못했다.

하루하루 되는 대로 살아가는 사람들이 아니라 하루하루 치열하게 살아가는 사람들이 세상을 바꾸는 거라고 단순하게 생각했다. 하지만 지금은 다르다.

무언가에 미친 듯이 애정을 쏟아 붓지 못한다면 살아가는 동안에 이루어낼 수 있는 것이 얼마나 되겠는가? 뜨거운 '욕망'과 터질 듯한 '열정'을 가진 자만이 세상을 바꿀 수가 있다. 과연 그들이 누구일지 떠올려보라. 바로 부자들이다.

부자들은 단순히 돈이 많은 사람이 아니다. 철저한 자기계발과 관리로 치열한 삶을 살아가는, 앞서서 가는 자들이다. 자신이 번 돈으로 소비생활을 하는 데 지출하고 저축하고 남은 돈을 '투자'로 연결해 재산이 불어나는 그때가 진짜 부자가 되는 시기다. 그러다 보면 어느 순간 투자소득이 매달 지출하는 생활비와 저축보다 커서 결국에는 일하지 않아도 소득이 늘어나는 시기가 온다. 그런 의미에서 부자라는 단어는 재산의 크기가 아니라 '투자자'라고 할 수 있다. 투자 없이는 절대로 부자가 될 수 없기 때문이다.

부자가 되고 싶다면 어떻게 해야 할까? 성공자들이 늘 하는 말이 있다. 부자가 되고 싶다면 일단 먼저 부자들의 생각, 행동, 가치관을 이해하고 배우라는 말이다. 부자들의 행동 양태를 모방하라는 뜻이다. 그리고 그걸 자신의 것으로 만들어 한 뼘씩 더 부자에 가까워지는 노력을 기울여야 한다고 강조한다.

그렇다면 부자들은 돈에 대해서 어떤 생각을 가지고 살아가는 걸까? 먼저 '돈'에 대한 부자들의 생각을 보면 놀랍게도 명확한데, 그 내용은 다음과 같다.

첫째, 돈이 모이는 곳을 알고 있다. 돈은 더 빨리, 더 많이 불어나는 곳으로 모인다는 뜻이다. 이는 돈의 수익성과도 연결된다.

둘째, 돈은 비교적 떼일 위험이 낮은 곳에 모인다. 이는 돈의 안

정성과 일맥상통한다.

셋째, 돈은 더 빨리 찾을 수 있는 곳에 모인다. 이는 돈의 유동성에 관한 것이다.

부동산 사무실을 찾아오는 사람들은 다양하다. 결혼을 앞둔 신혼부부라든지 처음으로 사회생활을 시작하는 청년들이 원룸을 구하기 위해서도 찾고, 또는 상가나 땅 투자를 하고자 찾는 경우도 적지 않다. 물론 '내 집 마련'이라는 명제를 안고 오는 사람들도 많다.

내 집을 마련하고자 하는 꿈을 이루려는 사람들은 적어도 수중에 1억 원 이상을 가지고 있기 마련이다. 달리 말하면 그들 역시 부자의 반열에 오르기 위한 첫 계단을 밟고 올라선 거나 마찬가지다. 이처럼 소소하게 옷 한 벌을 사러 오는 사람들이 아니라 대한민국에서 거래되는 상품 중에서는 가장 비싼 물건을 거래하기 위해 찾는 곳이 부동산이다.

나 역시 부자가 되고 싶어서 부동산이라는 도구를 선택했고 편안한 노후를 위해서 직업으로 택하게 되었다. 그러니 부자들의 생각이 궁금한 건 누구나 마찬가지일 것이다. 그들이 어떤 생각을 가지고 어떤 방식으로 돈을 모으는지가 궁금했고 어떻게 생활하는지 궁금했다. 하루라도 더 빨리 그들처럼 생각하고 생활하고 싶었고, 성공한 부자들은 어떤 교육을 받는지 몹시 궁금했다.

나는 내 호기심을 풀어줄 돌파구를 직접 찾아 나서기 시작했다. 운이 좋게도 당시 내가 사는 곳에서는 주로 광역시와 같은 큰 도시에서 진행되던 '카네기 경영자 프로그램'이 이제 막 활성화되고 있었다.

카네기 경영자 프로그램은 성인을 대상으로 하는 강좌로 동일한 내용을 토대로 청소년을 위한 강좌도 존재했다. 주로 방학 중에 일주일 정도 캠프를 열어 진행되는 강좌로 두 아이가 먼저 교육을 받은 후였다. 아이들은 이 교육을 통해서 긍정의 마인드나 세상을 보는 인식을 바꾸게 되었다고 말했다. 아이들 스스로 얻은 교훈이었고 엄마인 내게도 추천했다.

나는 특별한 망설임 없이 프로그램에 참여했다. 물론 나는 잘 나가는 기업인도 아니고 유명인사도 아닌 평범한 사람이었지만 마인드만은 경영자로 교육에 참여했다. 긍정적인 마인드를 우선으로 중요하게 생각하라는 것이 포인트였다.

처음 교육장에 들어섰을 때 눈에 들어온 것은 우선 단정한 옷차림새를 한 중년 남성들과 여성들이었다. 그리 크지 않은 강연장에 스무 명 남짓한 사람들이 앉아 있었고 강연장 뒤편에서는 코치들이 안내를 도와주고 있었다.

이제껏 보아온 부동산 교육과는 조금 달랐다. 일반적으로 부동산 교육은 실무를 중심으로 하는 교육이라서 딱딱한 책상이 빼곡하게 놓여 있는 정형화된 공간이었다.

하지만 이곳은 교육을 받는다는 느낌보다는 친목회 같은 느낌이었다. 삼 개월 동안 평일 저녁시간에 간단한 식사를 한 후에 교육이 진행되었고, 전 기수들도 꾸준한 유대관계를 가지고 있었다.

이곳에서 교육을 받는 동안 가장 인상적인 것은 수업보다 수업을 함께 듣는 자산가들이었다. 놀랍게도 그들은 내 머릿속에 담겨 있는 부자들에 대한 이미지와 조금 달랐다. 내가 생각하는 부자란, 늦잠을 자고 다른 직원들이 출근을 했을 때 맨 마지막으로 느지막이 출근하고 배를 퉁기는 이미지로 상상해 왔던 것이다. 어떤 이유에서인지는 모르겠지만 생각의 틀에 갇혀 있던 부자들의 이미지는 그런 거였다.

하지만 수업을 통해서 전해들은 자산가들은 더 일찍 일어나고 더 나은 정보를 알아가기 위해 열심히 뛰어다녔다. 돈이 되는 고급 정보를 서로 교환하며 경쟁 사회를 주도하려고 애쓰고 있었다. 무엇보다 준비가 철저했고, 일 년 계획은 물론 몇 년 뒤의 계획까지도 큰 프레임을 짜놓고 그 계획에 맞춰 세부계획을 실천하고 있었다.

물론 많은 사람들이 인생에 대한 계획을 세우고 살아간다. 학창시절부터 몸에 밴 생활계획표 짜기는 늘 해가 바뀔 때마다 만들어 보는 과제다. 하지만 3월이 가까워 오면 계획을 다시 수정해야 하는 경우가 늘어난다. 많은 이들이 이제까지 생활을 하는 데서 계획은 있었으나 실천을 위한 과정을 중요하게 생각하지 않는다.

부자들은 다르다. 그들은 일 년 계획을 세웠으면 다시 한 달 계획을 세우고 일주일 목표, 하루 목표로 '쪼개' 정리하고 있었다. 목표 달성을 위해 철저하게 계획하고 계산하고 있었다. 물론 참가자들 모두가 그러한 것은 아니었지만 절반이 넘는 사람들이 그와 같은 틀을 깨지 않으려는 모습이 눈에 보였다.

그때 나는 깨달았다. 나의 인생을 다시 점검해야 할 시기라는 것을. 살아가면서 성공하고자 하는 마음만 있었을 뿐 구체적으로 내가 원하는 것이 무엇인지, 내가 어떤 삶을 살아가고 싶은 건지, 내가 원하는 삶은 어떤 것이며 지금까지 그것을 위해 무엇을 했고 앞으로 어떻게 해나가야 하는지 등등 뒤늦게나마 진지하게 고민하기 시작했다. 부자들의 사고방식을 훔치기로 마음먹은 것이다.

그날 이후로 나의 계획을 고치고 또 고쳤다. 수정된 계획들은 얼핏 영감에 사로잡힌 작가가 한 순간에 마구 휘갈겨 쓴 것처럼 보이기도 했다.

하지만 나는 5년, 1년, 한 달, 일주일, 하루 그리고 한 시간을 20분씩 쪼개 세부계획을 세워나갔다. 부자들이 한 것처럼 말이다.

무에서 유를 창조하는 것은 신의 영역이다. 인간은 그저 모방해서 창조할 뿐이다. 모방은 성공의 필수과정이다.

하지만 일회성 모방이 아니라 지속적이어야 한다. 1만 시간의 집중이 어떤 분야의 대가를 만들 듯 1만 번의 모방이 우리를 성공의 대가로 만들어 줄 것이라고 생각했다.

돈의 흐름을 보면
좋은 땅이 보인다

2019년 현재, 서울을 제외한 지방의 부동산시장은 죽음의 숲처럼 적막하다. 거래는 전멸되었고 가격마저 하락해 자산가치가 하락한 것은 말할 것도 없다. 심리마저도 꽁꽁 얼어붙어 있다. 지방 부동산시장은 매수 자체를 찾아보기 힘들고, 집을 여러 채 보유하고 있는 다주택자들은 죄인 아닌 죄인 취급을 받고 있다. 우리가 그토록 부러워하던 다주택자인데 지금은 집을 한 채만 가지고 있는 게 행운인 상황인 것이다.

부동산은 심리적 요인이 강하다. 부동산이 오를 때는 오르는 부동산을 잡지 못해 불안하고 또 영영 사지 못할 것 같아 발을 구른다. 오르는 시장에서는 아침과 저녁의 시세가 다를 정도로 차이가 난다.

그런데 부동산 하락시장에서는 제아무리 깎아준다 하더라도 마음이 가지 않는다. 몇 달씩 같은 금액이라 하더라도 아니 처음 내놓을 때보다도 계속 내린다 하더라도 거래는 이루어지지 않고 가격만 곤두박질치게 된다. 경기나 정책 등의 영향도 많이 받지만 철저하게 심리가 영향을 미친다.

가격적인 면도 중요하지만 주위에 있는 누군가의 이야기에도 크게 흔들린다. 흔히 투자를 하는 사람들은 혼자서 사무실을 방문하지 않는다. 소신껏 투자에 대한 계획을 세우더라도 누구 한 사람 옆에서 부정적인 뜻을 비추면 하락시장에서는 뒤도 돌아보지 않고 마음을 접어버린다. 그리고 본인의 선택에 대해 스스로 위로하면서 잘했다고 칭찬하기 시작한다. 그러니 사람 마음을 잡는 일이 가장 힘들다는 걸 깨닫게 된다.

반대로 오르는 시기에서는 내가 봐둔 매물을 누가 채가지나 않을까 전전긍긍하며 늦은 밤이라도 상관 않고 계약 진행 의사를 밝혀온다. 이득이 되는 쪽으로 쫓아가는 마음이다.

좋은 땅, 그러니까 투자가치가 '높은' 땅을 찾아 저렴하게 투자하기 위해서는 좋은 땅을 볼 수 있는 안목이 필요하다. 그렇다면 안목을 기르려면 기본적으로 어떤 노력이 필요할까. 지금부터 알아보자.

　첫째, 땅값 상승을 결정하는 가장 강력한 원인을 파악해야 한다.

　땅값이 오르는 요인 중에서 가장 핵심은 '인구'다. A라는 지역에 인구가 유입된다고 치자. 그러면 자연스럽게 상권과 주거지가 형성되고, 교통과 편의시설 등이 확충되기 때문에 저절로 땅값은 상승하게 된다.

　둘째, 인구가 어떤 지역에 몰리는 배경을 가늠해야 한다.

　인구가 한 지역에 몰릴 수 있는 원인에는 여러 가지가 있다. 그 중에서 대형 산업단지와 관광단지가 조성되는 곳이 대표적이다. 대규모 일자리가 발생하면서 인구가 가장 많이 몰리게 되고 기존 토지의 가치를 상승시키는 영향력을 발휘하게 되기 때문이다.

　기본적으로 이러한 지가상승의 원리, 그러니까 돈의 흐름에 대한 기본 개념을 알고 볼 줄 알아야 좋은 땅을 찾는 데 도움이 된다. 물론 지금 당장 "내 집 하나도 없는데 땅은 무슨?" 이라고 넋두리 하는 분들도 있을 것이다.

　하지만 이런 원리는 반드시 알아야 한다. 보통사람들이 가장 먼저 시작하는 '투자'가 '내 집 마련'이기 때문이다.

　신혼부부를 예로 들어보자. 두 남녀가 만나 가정을 꾸렸으니 성실하게 생활하고 절약하고 저축으로 내 집 마련이라는 명제를 숙제처럼 안고 살아간다.

내 집 마련이 최초의 투자가 되는 셈이다. 같이 시작한 결혼생활에 누구는 집을 사고 누구는 몇 평짜리로 이사를 갔다는 소리를 듣게 되면 그때부터 지옥이다. 그러다 보니 내 의지와는 상관없이 등 떠밀리듯이 투자를 생각하게 되는 계기가 되기도 한다.

한데 마음만으로 투자는 되지 않는다. 우선 최소한의 자금이라도 있어야 가능하다. 소위 말하는 종잣돈이 있어야 하는데, 그걸 모으기 위해서 우리는 아끼고 또 아껴 저축을 한다.

신혼부부들이 할 수 있는 최고의 투자는 분양권이라고 본다. 적은 금액으로 내 집을 마련할 수 있는 기회이다. 특별 공급이라는 제도로 당첨의 기회를 우선 배정받을 수가 있다. 그러나 많은 사람들이 이 기회를 잘 활용하지 못한다.

제도가 있는지 잘 몰라서 기회를 놓치는 경우도 있다. 하지만 주위에 누군가가 이러한 방법으로 투자를 했다거나 내 집 마련을 했다는 이야기를 듣게 된다면 이때부터는 상황이 달라진다. 너도 나도 이런 대열에 합류하려고 애쓴다. 이런 거다. 부동산투자라는 것이.

누군가가 성공을 했다는 얘기가 들리면 그때부터는 나만 몰라 바보가 되는 것 같은 마음에 투자에 뛰어든다. 여기에 함정이 생기기도 한다. 철저하게 분석하고 공부하고 투자에 임해야 하지만 ○○도 했다는 소문에 휩싸여 투자를 결정한다. 설사 ○○이 강력한 개발 호재가 예상되는 땅에 투자를 하여 1년 이내에 수 억 원을 번다는 식의 얘기라도 들으면 그것이 마치 투자 진리인 것처럼 쉽게 유혹에 넘어가기도 한다.

신혼부부의 경우가 특히, 주위에서 오가는 말들에 많이 흔들린다. 부부는 좋다고 결정한 집이지만 친정이나 시댁의 걸림돌을 이겨내지 못하는 경우가 많다. 아직 본인들이 모아둔 자금으로 집을 마련하기엔 부족하기에 친정이나 시댁의 도움을 받아야 하고 단독으로 결정할 수 없기 때문이다. 어른들 한마디에 결정이 미뤄지기도 하고 당겨지기도 하니 본인들이 제아무리 좋아한들 소용이 없다.

재테크의 모든 분야가 그렇지만 땅 투자는 특히 엄청난 공부가 필요하다. 하지만 땅에 대한 공부는 쉽지가 않고, 심지어 땅값을 상승시키는 가장 강력한 요소에 대해서도 모르는 경우가 더러 있다.

좋은 땅을 찾고 싶다면 지가상승 요소를 습득하고 나아가 땅 투자를 위한 몇 가지 원칙을 반드시 익혀야 만한다. 그 부분에 대해서는 다음 챕터에서 살펴보도록 하자.

초보 투자자를 위한
실전 노하우

미래는 알 수 없다. 예측하는 것도 모두가 맞는 건 아니다. 그 럴 것이라고 추측만 할 뿐이며, 그대로 들어맞기란 거의 불가능하다. SF 영화처럼 타임머신이 있어 미래를 볼 수 있다면 좋겠지만 우리는 허구가 아닌 현실 세계에서 살고 있다. 현실에서 답을 찾아야 한다.

현실은 어떠한가. 현실을 있는 그대로 직시하기에는 시장의 심리가 너무나 얼어붙어 있다. 현재 부동산시장은 그야말로 단군 이래 최대의 불황이기 때문이다.

작년에 이어서 2019년에도 '부동산 불황'이 가속화되고 있다.

불패 신화를 자랑하던 서울 강남에서도 '거래 절벽' 현상이 이어지고 있어 그 여파가 어디까지 이어질지 관심이 몰리고 있다. 물론 내가 살고 있는 김해 지역도 예외는 아니다.

　실제로 국토연구원 '부동산소비심리조사'에 따르면 경남의 부동산시장 소비심리가 관련 조사가 시작된 이래 역대 최저치로 떨어졌고 전국에서 최저를 기록한 것으로 나타났다. 조사 결과 지난해 12월 경남의 부동산시장(주택+토지)의 소비자심리지수는 79.1로 전월 대비 0.2P 하락했다.

　부동산 소비심리지수란 국토연구원이 매월 전국 152개 지자체의 중개업소와 거주 가구를 상대로 설문 조사해 나타내는 지표다. 여기서 소비자심리지수란 100을 기준으로 이를 넘으면 부동산의 가격상승 및 거래 증가 응답자가 많음을 의미하고, 100 미만이면 그 반대다. 다시 말해서 100보다 낮으면 가격하락 및 거래감소를 전망하는 소비자가 많다는 것을 말한다. 이 지수가 95 미만으로 떨어지면 하강 국면에 접어들었다는 것을 의미한다.

　내가 살고 있는 경남의 부동산 소비심리지수는 지난 2011년 첫 조사가 시작된 이래 가장 낮은 수치를 기록했다. 전국적으로도 울산(69.4) 다음으로 가장 낮았다. 특히 주택시장 소비심리가 심각할 정도로 냉각된 것으로 나타났다.

　토지시장 소비심리지수는 85.0으로 전국에서 4번째로 낮은

55

수치를 기록했는데, 주택시장 소비심리지수도 78.4로 역시 울산 (68.2) 다음으로 가장 낮았다.

이처럼 소비심리가 냉각된 데에는 정부의 대출규제와 세제 강화 등 부동산 규제정책과 더불어 특히, 경남은 조선업 등 경기침체로 부동산 투자심리가 갈수록 위축되고 있는 상황이다.

하지만 언젠가는 다시 바닥을 치고 상승곡선을 탈 것이다. 우리나라 대부분의 가계에서 가지고 있는 자산 형태가 부동산이 80% 이상을 차지하기 때문인데, 이처럼 자산의 쏠림이 매우 크다. 예부터 농경사회였고 땅 한 평 가지는 것이 소작인들의 희망이었으니 대한민국 국민의 정서에서 비롯되는 것이라 할 수 있다. 그러므로 부동산의 급락이나 급등은 경제에도 큰 영향을 미친다.

정권이 바뀌고 새 정부가 들어설 때마다 부동산 정책이 변하고 서민주거 안정이라는 명목 하에 규제가 나오기도 하고 부양책을 쓰기도 한다. 그런데 서민들은 올바른 기준을 따라가지 못해 늘 뒤처지는 악순환을 밟을 수밖에 없어 안타까울 뿐이다.

이럴 때일수록 초보 투자자는 실전 노하우를 익히고 습득하는 데 노력을 기울여야 한다. 불구경하듯 보고만 있어서는 안 된다. 기본기를 닦는 데 집중해야 한다는 뜻이다. 그런 의미에서 초보 투자자들의 땅 투자를 위한 필수 원칙 3가지만큼은 반드시 알아두기를 바란다. 그 내용은 다음과 같다.

첫째, 현장답사는 반드시 해야 한다.

개발 혹은 유치사업이 예상되는 곳이라면 직접 방문해보는 것이 좋다. 아직 개발 전이라면 황무지처럼 주변에 아무것도 들어서 있지 않을 가능성이 높은데, 실제로 직접 가보는 것이 바람직하다.

'백문이 불여일견'이라는 말처럼 실제로 땅의 모양은 어떠한지, 주변 번화가와는 얼마나 걸리는지, 해당 지역의 교통이 어떻게 발달될 것인지, 나아가 해당 지역이 개발되면 유입인구가 어느 정도 될 것인지도 꼼꼼하게 확인하고 분석해야 한다.

나 역시 이웃집에 사는 언니와 함께 내 발로 땅과 상가 등을 방문했다가, 말로 듣는 것과 실제로 보는 것에 얼마나 큰 차이가 있는지 알게 됐다.

하지만 초보 투자자들의 경우 투자하려고 하는 땅의 개발계획, 유치사업, 관련 법률과 입지 등을 분석하고 연구해서 투자하는 경우가 얼마나 될까. 놀랍게도 대부분의 사람들은 현장답사 없이 부동산 중개사 말만 듣고 투자를 한다. 그래서 나는 찾아온 투자자들에게는 망설임 없이 "직접 방문해보세요."라고 말한다.

둘째, 토지이용계획을 확인해야 한다.

본인이 직접 해당 토지를 발견하고 현장답사까지 끝냈다면, 그 다음으로 확인해야 할 것은 토지이용계획이다. 이를 통해서 해당 토지가 현재 어떤 규제를 받고 있는지, 어떤 용도로 활용할 수 있는지를 알 수 있다. 또 시간이 흐르면 해당 토지의 변화 모습까지도 어느 정도 살펴볼 수 있는데, 이것이 현재 토지 상황을 알 수 있는 지표로서 투자할 만한 땅인지 확인할 수 있다.

셋째, 진심 어린 조언자를 곁에 둬야 한다.

좋은 땅을 발견하고 현장답사를 통해 토지를 분석한 다음에 토지이용계획까지 확인했다고 해서 끝난 게 아니다. 마지막으로 투자전문가를 통해 한번쯤 조언을 받는 것이 바람직하다. 전문가들의 생각과 내가 생각하는 점이 일치하는지를 확인해보는 것도 좋은 공부가 되기 때문이다. 따라서 초보 투자자의 경우 실전투자에 있어서는 반드시 믿을 수 있는 조언자를 곁에 두는 게 옳다.

부동산시장은 오르는 곳은 아무리 억제해도 조금씩이라도 오르고 내리는 지역은 아무리 규제를 풀어도 오르지 않는다. 대출 등 강력한 규제로 인하여 오히려 지방의 투자자들마저 서울로 집중화가 되고 있다. 물론 나 한 사람의 생각으로 부동산시장이 변하거나 크게 달라지지는 않겠지만 사람들이 언론의 자극적인 면만을 들여다 보다가 제대로 분석을 하지 못하는 것이 안타까울 따름이다.

하지만 내가 살아가야 할 곳은 서울이 아니다. 내가 살고 있는 이 도시 안에서도 분명히 상승 가치가 있는 매물이 있다. 다만 그걸 인지하지 못하는 사람들이 대다수일 뿐이다.

계란으로 바위치기라면서, 꽁꽁 얼어붙은 심리를 녹일 따뜻한 햇볕이 없다면서, 지방에 투자를 하느니 서울에 투자한다는 심리가 사회 전반에 깔려 지방 시장이 더 힘들어지고 있다.

투자에서 심리가 크게 작용한다는 일면이지만 현실을 바로 직시해야 할 때가 바로 지금이다. 이 시기 또한 지나고 나면 사람들은 또 다른 하나의 학습효과를 경험했음을 비로소 깨닫게 될 것이라고 본다. 투자는 심리로 움직이지만 그 저변에 깔려 있는 경기 흐름이나 경제를 우선 알아야 하고, 기본적인 실전 노하우를 제대로 알고 있어야 한다는 것을 말이다.

Chapter 2

부동산 중개업, 삶을 업 시키다

자격증 하나로
시작된 도전

부동산중개업법에 따라, 중개업 사무소는 공인중개사 자격증을 가져야 창업할 수 있다. 그래서 나는 중개사 자격증을 손에 쥐었던 순간, 이제 모든 게 다 완성된 줄 알았다.

분명히 말하지만 단순히 공인중개사 자격증을 손에 쥐었다고 해서 부동산 중개업으로 쉽게 돈을 벌 수 있는 건 아니다. 부끄럽게도 처음 자격증을 쥐었을 때는 이걸 몰랐다. 사회생활에 담을 쌓고 전업주부로 살아가다보면 이런 사실에 어둡기 마련이고, 그래서인지 현재 공인중개사들 중 여성의 비중이 굉장히 크다.

내가 처음 공인중개사로 활동을 시작할 당시에는 여자보다 남자가, 그리고 주로 연령대가 높은 사람들이 다수였다. 나이와 경력에서 먼저 주눅이 들 수밖에 없었다.

그들은 언제나 갑의 위치에서 명령조의 말투로 초보자들을 대했고, 내 입장에서는 자신 있게 할 수 있는 것이 극히 제한적이었다. 조금 비겁한 핑계일지도 모르겠지만 그땐 그랬다.

부동산 중개업에선 매물을 보유하고 있는 매도자도 중요하고 구입하고자 하는 매수자도 중요하다. 하지만 그보다 우선인 것이 동종업계 사람들이다. 다들 알고 있는 것처럼 같은 매물을 여러 부동산 사무소에서 보유하고 있고, 아무래도 가깝게 지내는 사람들과 함께 일을 하는 것이 서로를 이해하고 수월하게 넘어갈 수 있기에 주로 친분이 있는 곳에서 거래한다.

모든 사회생활이 그러하듯, 모든 관계에는 노력이 필요하다. 동종업계 사람들과 친해져야 만했다. 사교성이 부족한 내가 풀어야 할 또 하나의 숙제였다.

알다시피 지방일수록 학연, 지연이 큰 배경이 된다.

김해에서도 다른 지방에서 태어난 나는 이방인이었다. 김해에서 십여 년을 살았지만 친구라고 지칭 할 사람이 별로 없었다. 나는 처음 만나는 손님도, 동종업계의 사람들도 친구가 되지 못했다. 그리고 곧 사회생활이라는 게 밥을 먹으면서 친해진다는 것을 깨닫게 되었다. 밥을 먹는다는 것은, 우리나라에서는 중요한 정을 나누는 문화다. 일종의 거래를 트는 관문이기도 했지만 나에게는 다른 사람들과 밥을 먹는다는 일 자체가 어려웠다.

처음 식당에서 놀랐던 건 된장찌개를 주문하니 개인 접시를 주지 않아서 처음 보는 사람들과 숟가락을 찌개 그릇에 넣어 먹는 걸 보고 제대로 먹지 못했다. 결국, 그날은 맨밥만 겨우 먹고 나왔다. 밥 먹는 문제로 스트레스를 받을 수밖에 없었다. 이런 이야기를 하면 몰매를 맞을 것 같아 한동안 식당에서 밥과 김치만 먹었다. 이러니 누구와 같이 밥을 먹고 술을 마시겠는가. 사회생활을 하지 않고 결혼을 했기에 술 문화 또한 내게는 익숙하지 않았다. 물론 술이 나쁘다는 것이 아니라, 나에게 술은 지금까지도 친해질 수 없는 영역이다.

성격이 다소 대담한 편이지만, 음식에 있어서는 조심스러운 부분이 있었다. 음식만큼은 새로운 것을 받아들이는 속도가 상당히 느리다. 많은 일이 식사나 술자리에서 이루어진다는 걸 알게 되었지만, 아직도 불편하다. 이런저런 이유로 친하게 지내는 부동산 친구가 없다 보니 매물로 또는 손님들로 인해 잦은 오해와 분쟁이 생기기도 했다. 부동산 중개업을 하면서 아마도 일 년은 눈물로 보냈으리라 싶다.

이런 성격을 바꾸기 위해 끊임없이 시도하고 노력했다.

부동산의 특성상 사무실을 방문한 고객들과 상담하고 계약으로 이루어지기까지 전화로 많은 조율을 하게 된다. 전화로 주된 업무가 이어진다.

어느 날, 옆 사무실 A 소장님에게 전화 한 통을 받았다.

A : "소장님, 왜 내 손님에게 자꾸 전화를 하는 겁니까? ○○아파트 ○동 ○호 분양권은 내가 관리하는 손님이니 다시는 전화하지 마세요."

나 : "아니 손님이 전화를 해서 상담해 준 것뿐인데 그게 잘못인가요? 부동산은 손님에게 상담을 해 주는 것이 직업인데 내 손님 네 손님이 어디 있어요?"

A : "아니, 아무튼 전화하지 마세요, 그 손님은 내 손님이니까. (뚝)."

나 : ….

도무지 이해할 수 없는 말에 수화기를 던지듯 내려놓았다. 내가 손님과 전화를 하고 상담을 하였다 하더라도 옆 사무실에 전화해서 한바탕 퍼붓는 것은 이해할 수가 없었다.

기본 중의 기본은 상도이기 때문에 다른 중개소 손님은 가로채지 않는다. 하지만 이번 경우는 손님이 먼저 전화를 걸어왔고 상담으로 이어진 경우라 억울하고 분했다. 당시 모델하우스가 여기저기 생겨날 때였으니, 모델하우스 현장에서 받은 내 명함을 보고 전화를 했을 것이고 손님은 그 부동산에 미안한 마음이 들어서 내가 먼저 전화를 했다고 엉겁결에 둘러댔을 것이 뻔하다. 뜻하지 않게 손님이 중복되면서 부동산 간의 오해만을 안겨주게 된

꼴이 된 것이다.

처음에는 내가 초보라서, 기본도 모르는 사람이라고 무시하고 쏘아붙인 것이라 생각이 들어서 억울한 마음에 눈물밖에 나오지 않았다.

하지만 어떤 손님이 한 부동산과만 거래하는가? 적어도 두 군데 이상 알아보기 마련이다. 물론 그로 인해 내 손님, 네 손님 가타부타 하면서 부동산 간에는 분쟁이 생기기도 한다.

이렇게 손님들 때문에 감정이 상하기 일쑤다. 친하게 지내는 동료가 된다면 서로의 오해를 풀면 되지만 그렇지 못할 때는 싸움이 되기도 한다. 아마도 그 소장님은 기억에도 없을 일이지만, 아직도 그때를 생각하면 힘이 빠진다. 모든 사람들과의 노력이 필요한 시간이었다.

누구나 인간은 이익이 되는 쪽을 선택한다. 아무리 친절하게 한다 하더라도 내가 취할 수 있는 이익이 덜하다면 과감하게 돌아서는 것이 부동산시장의 세계라는 걸 일을 하면 할수록 더 느끼게 된다.

부동산의 업무가 영업이 전부라는 생각을 사람들은 하지 않는다. 나도 처음엔 부동산이 영업이라는 생각은 해본 적이 없다. 하지만 일을 해나가고 시간이 흐를수록 부동산이 영업임을 뼈저리게 느낀다. 누구나 사람은 이익이 되는 쪽을 선택하기 때문에 누구에게나 친절해야 하고 이익을 안겨줘야 하고 매일 손님을 찾아 새로운 계약을 해야 한다.

부동산은 철저한 영업의 업무다. 누구나 내 재산은 꼭 지켜야 하고 중요하다. 이 일을 하면 할수록 더 느끼는 점이다. '같은 값이면 다홍치마'라고 계약을 할 손님이라면 누구나 친한 부동산과 거래를 한다. 가까이 지내는 부동산이 많을수록 거래량도 많아질 수밖에 없는 구조이다. 매물 가격은 집마다 조금씩 다를 수 있지만, 조율을 통해 맞출 수 있다.

그럼에도 불구하고 처음 일을 시작했을 때는 일처리만 완벽하면 된다고 생각했다. 어떠한 모임에 참석하는 것도 싫어했다. 유일하게 중개사 합격자 모임이 있었는데, 당시에는 여자가 많지 않았고 식사 자리에 술은 빠지지 않았다. 한번 두 번 모임을 거르다 보니 자연스럽게 탈퇴를 하게 되었다. 그렇게 아무런 모임에도 가지 않고 독불장군으로 나아갔다.

부동산 사무실에 근무하는 여자들은 자격증이 없는 사람이 더 많았고, 그들은 기존의 기득권을 내세우는 것인지 소장들과는 담을 쌓고 함께 어울리지 않았다. 고향도 아니고 아는 사람이라고는 없는 불모지에서 외톨이일 수밖에 없었다. 가까이 간다고 친해질 수 없었기에 아예 선을 그어 업무에만 치중했다. 누구에게 잘 보일 필요도 없고, 어떤 잡소리에 신경을 쓰지 않아도 되었으니 오히려 마음은 편했다.

두 명 이상만 모이면 본질적인 업무 이야기나 부동산 이야기보다는 사소한 이야기가 오고 가고 자연히 다른 방향으로 흘러 퇴색이 되는지라 돌아오는 이야기들에는 좋지 못한 시선으로 사람들을 보게 되는 것이 싫어졌다.

편견을 가지고 사람들을 대하고 있는 나를 발견하고는 말조심을 해야겠다는 마음을 가지게 되었다. 매일 마주하는 사무실 언니하고 일 얘기만 하고, 살아가는 이야기를 하며 지냈다.

사람은 혼자 살 수 없다. 관계의 중요성을 그렇게 하나씩 배웠다. 신뢰는 모든 성공의 지름길이다. 신뢰를 주기 위해서는 많은 시간과 깊은 관계를 요구한다.

이 책을 읽고 있는 사회 초년생들이라면, 꼭 기억하자. 편견으로 닫혀 있던 나의 모습에서 교훈을 얻어 비슷한 실수를 하지 않도록 했으면 싶다. 그런 의미에서 친밀한 관계로 이어지기 쉬운 몇 가지 습관을 말씀드리겠다. 그 내용은 다음과 같다.

첫째, 마음을 열고, 먼저 인사해보자.
우리나라는 인사만 잘해도 반은 먹고 들어간다. 이를 기억하라.

둘째, 주변 사람들을 관찰하고, 말을 하기보다는 귀를 기울이자.

어느 순간부터 상대가 먼저 나를 찾을 것이며, 나의 평판이 들리게 될 것이다.

셋째, 만남은 인연이고 관계는 노력이다.

깊은 관계는 배신하지 않는다. 다만, 그 전에 이를 위해서 어떤 노력을 해봤는지 스스로에게 물어봐야 할 것이다.

초보 공인중개사로
첫 출근을 하는 당신에게

닐 암스트롱이 1969년에 달에 내디뎠던 첫걸음은 인류가 이룩한 가장 위대한 '걸음'이라고 일컫는다. 부동산시장에 처음으로 발을 딛은 내 첫걸음은 닐 암스트롱의 인류 역사상 가장 위대한 첫걸음처럼 역사에 길이 남을 사건도 아니지만 내게는 가장 소중한, 최고의 순간으로 기억한다.

이 글을 읽고 있는 여러분의 첫걸음은 어떠한가? 아마도 다들 기억하고 있는 소중한 첫걸음은 각기 다를 것이다. 말 그대로 태어나 난생처음으로 걸었던 걸음일 수도 있고 부모님의 곁을 떠나 자신의 둥지를 틀었던 독립의 순간일 수도 있다.

이처럼 누구에게나 자신의 첫걸음은 위대하고 소중하다. 얼마나 큰 용기가 필요했을지 본인이 제일 잘 알기에 더욱 위대하고 소중하다. 나의 첫걸음은 남들이 보기엔 소박하고 단순했다. 그저 계획에 맞춰 움직이고자 했기 때문이다.

나는 학창시절부터 무엇인가를 시작할 땐 거창하게 계획부터 세워나가는 버릇이 있었다. 계획이 잘 세워지지 않은 일은 무엇이든 시작하는 것조차 싫었다. 방학이 시작되면 생활계획표부터 짰다. 지금도 해가 바뀌는 12월이 되면 신년 다이어리를 구입하는 걸로 새해를 맞이하는 습관이 아직도 여전히 남아 있다. 그러니 합격을 했다고 해도 걱정이 되었다.

사회경험이 많으면 당장 개업을 하면 될 것이고 아는 사람이 많으면 공동으로 사무실을 오픈해도 될 것이었으나 말 그대로 주변 머리 없고 사회경험 없는 숙맥이 할 수 있는 건 없었다. 같이 공부하던 언니들은 저마다 개업을 꿈꾸기도 하고, 지인들의 사무실에서 경력을 쌓을 계획도 세웠지만, 나는 두렵고 겁이 나서 아무런 계획도 세울 수가 없었다.

혼자 낯선 세상에 나가 사람들을 마주할 자신이 없었고 다른 사람들 밑에서 어울려가며 생활하는 것도 겁났다.

나는 개업을 하는 것보다 우선 경험을 쌓아야겠다고 마음을 먹었다. 내 가족들이나 주변 지인들도 먼저 경험을 쌓는 게 더 좋을 것이라는 조언을 하고 있었고, 때마침 옆자리에서 함께 공부하던 언니의 도움으로, 사무실을 소개받았다. 그렇게 난생처음으로 면

접이라는 것을 보게 되었고 새로운 경험의 시작, 부동산중개업을 시작하게 되었다.

부동산은 큰돈을 다루는 직업이고, 누구나 내 재산은 꼭 지켜야 하고 중요하다. 재산을 다루는 만큼, 업무가 무겁다. 설레는 마음보다는 잘 할 수 있을까 하는 걱정의 마음이 앞섰다.

요즘의 부동산 사무실은 대부분 자격증을 소지한 사람들이지만 십칠 년 전의 부동산 사무실은 자격증이 없는 사람들이 더 많았고 실장들은 몰라도 되는 업무였기에 별 무리가 없었다.

자격증만 가지고 있는, 아무것도 모르는 초보 소장으로서의 하루하루가 즐겁지만은 않았다. 사무실에 손님이 와도 내가 할 수 있는 건 없었다. 이름만 소장인 내게 손님 응대를 허락하지 않았다.

실장으로 있는 언니는 손님들의 상담과 계약을 끌어내는 능숙한 기술을 가지고 있었다. 실장 언니는 자신만의 비법으로 거래를 성사시켰고, 계약서 작성은 소장이 해야 하는 업무여서 다 만들어진 계약서에 그저 도장만 찍는 게 내 첫 임무였다.

처음 사무실에서 맡은 일은 그리 중요하고 대단한 일이 아니었다. 자격증만 챙겨두고 있을 뿐 업무에 대해서는 아무것도 모르는 초보가 할 수 있는 건 하나도 없었다.

중개업 활동에 대한 50% 자격을 얻은 것일 뿐, 체계적인 실무 교육이 필요했다. 그런 의미에서 초보 공인중개사로 첫 출근을 한 당신이 당장 실무에 적용할 수 있도록 몇 가지 팁을 드리겠다.

초보 공인중개사로 첫 출근을 한 오늘, 당신이 지금 당장 해야 할 일이다.

첫 번째, 인적사항과 전화번호 비상연락망 만들기
전화로 주된 업무가 이루어지므로 전화번호는 필수다. 급하게 손님이 찾을 때 연락이 되지 않을 경우가 많아서 본인 연락처 외에 가족들의 비상연락처를 받아두어야 한다.

둘째, 등기부등본 발급하기 및 각종 서류 확인하기
학원에서는 등기부등본을 발급하는 법을 가르쳐주지 않는다. 실전에서는 등기부등본을 발급받지 못하면 체크해야 할 사항들이 준비되지 않아서 다음 진행이 매끄럽지 못하다. 사무실 실장 언니는 자격증이 없었고, 등기부등본을 발급하지 못해도 아무런 문제가 없었다.
하지만 소장의 책임 아래 모든 것이 진행되므로 내가 모르면 업무를 진행하기가 힘들어진다. 나는 거래에 있어 필수사항, 등기부등본 발급하는 일을 익혔다. 그런 날들이 갈수록 내가 할 수 있는 일을 찾고 싶었다.

셋째, 나만의 노트를 만들기

신도시 아파트들이었기에 짓고 있는 건물들과 입주한 건물들이 동네 곳곳에 섞여 있었고 단지 이름도 주소와는 연관성이 전혀 없는 이름들이 많았다.

아파트 단지마다 특징들을 하나씩 공부했다. 예를 들어 주소는 1번지인데 아파트 이름은 9단지였다. 단지 이름과 주소를 일치시켜 기억하는 것조차 외우지 않으면 안 되었다.

아파트 외에도 신도시는 상가들로 넘쳐났다. 큰 건설회사에서 건축하는 것이 아니다 보니 서로 상가 이름을 경쟁하듯이 외래어로 쓰는 경우가 거의 대부분이었다. 그게 고급스러운 느낌을 준다고 생각해서일까? 프랑스어인지, 영어인지도 알지 못할 이름들이 많아졌다.

모든 건물에 대한 정보를 외워야만 손님들의 매물도 접수할 수가 있었으므로 다른 지명과 주소 등 내가 알아볼 수 있도록 최대한 상세하게 나만의 노트를 준비했다.

학창시절부터 내가 잘하는 것 중 하나는 노트 필기였다. 그것 하나만큼은 누구에게도 뒤지지 않았다. 일목요연하게 정리가 되지 않으면 공부가 되지 않는 성격 탓에 노트 정리만큼은 따라올 사람이 없었다. 책에 밑줄 하나를 그을 때도 자가 없으면 긋지 못했다. 아마도 계획표를 작성하지 않으면 아무것도 못 하는 성격과 일맥상통하는 것인지도 모르겠다.

사람들은 가보지 않은 길에는 두려움을 갖는다. 인생에서 하루는 새로움의 연속이다. 어제와 같은 날이 아니다. 처음 시작은 늘 서툴고 힘이 들지만 시간이 지나면 익숙해진다. 익숙함에서 노련해지는 기술이 나오고 깨달음이 나온다. 용기란, 두려움이 없는 상태가 아니라 두려움에도 불구하고 행동하는 것이다. 두려움에 갇혀 스스로 제한하지 말자.

그러니 시작은 두려워해야 하는 것이 아니라 도전하고 익혀야 한다고 여긴다. 가보지 못한 나의 첫걸음이기에 어떻게 생각하고 접근하느냐에 따라, 흥미롭고 설레는 길이 될 수도 있다. 두려움보다는 용기를 가지고, 설렘이 가득한 출발의 기운으로 도전해보자. 새로운 나를 만나게 될 것이다.

당신의 무기는
무엇입니까?

또 다시 학창시절 얘기다. 시험기간이 되면 내 노트는 나보다 주위 친구들에게 들려져 있는 시간이 더 많았다. 줄 하나를 그어도 자로 반듯반듯하게 그어야만 했고 책의 밑줄 옆에 쓰는 메모도 가지런하게 정렬이 되지 않으면 공부에 집중할 수가 없었다.

노트 역시도 각 장의 챕터 별로 일목요연하게 정리가 되어 있어야, 공부하고 싶은 마음이 들었다. 비록 시험기간이라 할지라도 정리가 안 된 노트나 책을 보면 공부보다도 우선 정리부터 해야 직성이 풀렸으니 어쩌면 성격상의 결함일지도 모르지만 완벽해지고 싶은 욕심이라고 좋게 생각하련다.

무엇이든 완벽하고 잘하고 싶은 욕심이 나의 강점으로 발전되었다. 그렇게 나는 정리의 달인으로 거듭났고, 그런 성향이 부동산 공부를 하고 업으로 삼고 있는 지금도 버리지 못하고 남아 있다. 지금은 녹음하는 것이 효율적이지만, 자격증 시험을 준비할 때는 받아 적는 게 당연했고, 강사들의 말을 토씨 하나 틀리지 않게 메모를 하다 보니 언제나 내 노트는 인기가 많았다.

그런데 부동산중개업을 시작하며 사무실을 둘러봤을 때는 아득했다. 비치된 자료가 턱없이 부족했다. 부족해도 너무 부족했다. 물론 자료가 허술하다고 계약을 못 하는 것은 아니었지만 어떻게 손님에게 안내하는 건지 의심스러웠다.

다행히도 내 취미가 어떤 자료이든 모으는 것이라는 사실에 무릎을 탁 쳤다. 일을 시작하면서 이런저런 자료들을 모으기 시작했다. 카탈로그가 되었든 광고가 되었든 생각하기에 정보가 된다고 생각되는 것은 무조건 모은다. 물론 그것이 다 필요해서라기보다 모아서 정리해야만 직성이 풀렸다.

처음 사무실에서 내가 시작한 것도 매물 노트와 자료정리였다. 요즘에야 개인 컴퓨터를 사용하지만, 그때는 컴퓨터가 지금처럼 보편화하지 않았다. 그때는 공용 컴퓨터로 필요한 사람이 번갈아 가면서 사용했다. 각종 자료도 종이로 된 것들을 보면서 업무처리를 하고 컴퓨터의 비중은 크지 않았다.

신규 아파트도 분양할 당시에 카탈로그를 구하지 못하면 어디에서도 자료를 찾을 수가 없었다. 내가 사는 집은 15층 단일로 모든 단지가 같았지만, 근무하는 지역의 아파트는 동별로 층수도 다르고 라인들도 제각각이었다.

초보인 나는 일일이 많은 단지를 외울 수가 없었다. 그리하여 나만의 노트를 정리하면서 해야 할 일들을 찾아냈다. 각 아파트 동별, 층수, 라인 등을 구별해 누가 봐도 한눈에 알 수 있도록 노트를 만들기로 했다.

다른 사람들에게 얘기하면 쓸데없는 짓이라 할 게 분명했다. 그들에게는 필요 없는 것이지만, 나에게는 꼭 필요한 것이었으므로 해야만 했다.

요일을 정해서 퇴근 후 아파트를 답사하기 시작했다. 아파트는 앞 출입구부터 봉쇄된 곳이 많아 누군가 들어오거나 나갈 때를 기다려야 했다. 전체 층수를 알아야 했기에, 일일이 헤아리다 보니 한 단지를 정리하는 것조차 상당한 시간이 소요되었다.

입주가 이루어진 아파트는 우편함을 점검하면 쉽게 알 수 있어 수월했다. 1월에 출근을 시작했으므로 겨우내 작업을 했다. 신도시라서 입주가 이루어진 아파트보다 건축 중인 곳이 더 많았다. 결심한 일이기에 퇴근을 한 후에는 컴컴한 공사장을 누비고 다녔다. 공사장 곳곳을 다니면 뒤에서 누가 따라올 것만 같고 잡을 것 같아 앞만 보고 걸었다.

'그래! 이렇게만 하면 어떤 손님이 와도 당당하게 얘기할 수 있겠다.'는 생각만으로 무서움을 이겨냈다.

한 단지 한 단지 정리가 되어가자 하루라도 빨리 노트를 완성하고 싶은 욕심이 생겼다. 아파트를 우선으로 '나의 비밀 노트 만들기'는 몇 달에 걸쳐서 이루어졌다. 그중에도 새로 분양하는 아파트가 생겨났고, 분양 카탈로그를 통해서 자료를 정리해 나갔다.

자료 수집을 하면서 택지(신도시 내의 정리된 땅으로 주택이나 상가를 짓는 땅)가 문제였다. 누구도 택지의 번지나 위치에 대한 정확한 자료를 가지고 있는 사람이 없었다. 상가 카탈로그는 분양하는 간이 사무실에서 자료를 구할 수 있었지만, 토지공사에서 분양하는 택지는 미분양이 많은 터라 자료 수집 자체가 힘들었다. 직접 발로 밟아가면서 지도에 표시하는 방법밖에는 달리 생각나는 것이 없었고 그 양 또한 엄청 많았다.

나 혼자 시작한 일이니 사무실에서는 아무도 알지 못했다. 퇴근 후에 자료조사를 했고 누구도 출근하기 전에 일찍 서둘러 나가서 자료를 정리했다. 성격 탓에 완성되지 않은 걸 보여주는 것은 벌거벗은 몸을 보여주는 것 같아 들키고 싶지가 않았다.

깨끗한 A4 용지를 꺼내 오리고 붙여서 한눈에 보기 좋게 스티커로 구분을 하고 정리한다. 종이로 된 내용을 오래 두고 보려면 코팅은 필수였다. 새로 구매한 코팅기로 더 많은 자료정리에 날개를 달아 주었다. 이렇게 하나하나에 정성을 쏟았다.

지금도 그때의 열정이 그리울 때가 많다. 준비가 완벽하다고 반드시 성공한다는 보장은 없다. 하지만 완벽한 준비가 성공으로 가는 길이라는 건 알고 있다.

언젠가 쓰일지 모르는 것들에 대해 준비를 해야 했다. 과정이 수고롭지만, 만족감을 느낄 수 있었다. 나를 지키는 하나의 신념과도 같았다. 이것이 무너진다면 스스로 지켜내는 힘을 잃어버릴 수도 있을 것이다. 백조의 우아한 몸짓 아래에서 열심히 발을 젓는 숨은 노력에 대해 우리는 알고 있지 않은가.

발 빠르게 움직이고 실행에 옮겼다. 나만의 노트를 통하여 나만의 비법 무기를 장착하는 시기였다.

'공든 탑은 무너지지 않는다.'는 것이 어떻게 나온 말인지를 알게 되었다.

아파트와 상가 자료만으로도 손님들 앞에서 당당하게 설명할 수 있게 되자, 조금씩 업무가 즐거워지기 시작했다. '칭찬은 고래도 춤추게 한다.'는 말의 의미를 저절로 경험했다.

인정해 주는 사람들이 하나둘 생기니, 사회생활에 대한 두려움이 사라졌다. 매사에 자신감이 생겼다. 사람들과 쉽게 친해지기 어려운 성격이지만 한번 믿게 되면 '팥으로 메주를 쑨다.'고 해도 믿어버리는 성격이라 친구들의 폭은 넓지 않았어도 깊었다.

세상살이에 많은 이웃이 필요하겠지만 굳이 뜻이 통하지 않는 사람들과 같은 그물에 갇혀 살고 싶은 마음은 없다. 늘 그런 마음으로 살아왔기에 부동산 중개업을 하면서 가끔 피해 아닌 피해를 보기도 한다. 부동산 시장에서는 많은 사람과의 교류가 중요하기 때문이다.

누구나 처음은 초보다. 하지만 그 처음을 어떻게 시작하고 이겨나가는지에 따라 삶의 방향이 달라지고 목표가 달라진다고 생각한다.

나 역시도 처음부터 강한 의지력이나 끈기는 없었다. 도전해본 적도 없었기에 제대로 발견하지 못했다는 표현이 정확한지도 모르겠다.

경력 단절 여성이니, 삼포, 사포를 이야기하는 시대이지만 도전하는 자들에게는 해당사항이 없다고 생각한다. 집에서 전업주부로 살림만 하면서 사회생활을 전혀 경험해보지 못한 사람도 하고자 하는 의지만 있다면 자격증을 손에 쥘 수 있다.

혹여 이 책을 읽으면서 자신을 돌아보는 계기가 된다면, 여러분들은 나보다 더 많은 경험과 성공을 맛본 사람들이다. 그러니 지금부터 도전해도 늦지 않다. 충분하다. 바로 시작해보라.

감히 여러분에게 권한다. 왜냐고 묻는다면 답은 간단하다. 또 다른 세상이 기다리고 있기 때문이다. 도전한다고 해서 항상 성공하는 것은 아니지만 도전하지 않으면 성공은 없다.

변화의 흐름을
제대로 읽어라

국내 부동산중개업은 10인 이하인 소규모 사업체가 전체의 80%를 넘을 정도로 영세하고, 최근 정부의 고강도 부동산 정책과 거래절벽으로 인해 더욱더 어려운 상황이라고 한다.

하지만 나는 현 시장상황에 부정적이지만은 않다. 예나 지금이나 이와 같은 생각은 변함없다. 어느 분야든 힘들지 않고 늘 호황만 누리는 게 아니기 때문이다.

생존경쟁에 맞닥뜨린 변호사들도 그간 잘 손대지 않던 전문 법률자문 업무까지 영토를 넓히면서 공인중개사와 행정사와 영역 다툼을 벌이고 있는 현실이다.

요즘은 동업 형태로 부동산 사무실을 운영하는 경우가 많은데, 과거만 하더라도 부동산 사무실 운영 형태는 다양했다. 일반적으로 사람들의 성향이나 구성원에 따라 방식이 다른데, 10년 전만 하더라도 성과급제로 사장이 운영하고 직원을 채용하는 형태가 보편적이었다.

게다가 2003년 당시만 해도 여자 공인중개사의 수가 그리 많지 않았다. 자격시험을 준비하는 비중만 보아도 40대 후반에서 50대 초반의 남성들이 가장 많았고 50대 후반 정년퇴임한 사람들이 더러 있었다.

여성은 30% 선이었다. 요즘은 절반 이상이 30대 후반에서 40대 초반의 여성일 것이다. 학원에 다닐 때 내 나이 서른일곱 살이었으니 수강생 중에서 상위 10퍼센트 안에 들 정도로 어린 나이라고 할 수 있겠다.

시험에 합격한 후 부동산 사무실이 첫 직장이었다. 조건은 자격증을 게시하고 계약 성사에 따른 성과급제였다. 처음부터 성과급제는 아니었다. 아무리 자격증을 가지고 있다고 하더라도 순수하게 생초보인 나에게 성과급을 주지는 않았다. 대부분의 부동산 사무실의 관례였다.

부동산 중개업의 특수성으로 인해 공인중개사 자격증은 사무실 개업의 필수조건이다. 공인중개사 자격증으로 행정관청에 신고하고, 후에 사업자등록이 등록되는 법률적 시스템으로 이루어지기 때문이다. 그러기에 어느 사무실이든 반드시 자격증을 소유한 사람이 근무해야 한다. 당시엔 자격증은 없지만 부동산 사무실을 운영하는 사장이 자금을 대고 업무에 능숙한 실장을 고용하는 형태였다. 처음 입문할 당시만 해도 간혹 자격증을 대여해 사무실을 운영하는 사람들도 있었다. 그때는 가능했지만 요즘은 정부에서 까다롭게 관리 감독을 하므로 불가능하다. 수시로 단속을 하거나 계약서 자필서명을 대조하는 등으로 다양한 규제를 가하기 때문이다.

어느 회사든 수습기간이 있다. 부동산도 3개월 정도의 수습과정을 거치게 되면 계약조건 변동 등 나름의 처우가 달라진다. 성과가 나타나는 사람들에게 성과급제는 아주 훌륭한 제도이지만 성과를 못 내는 사람들에게는 월급제가 훨씬 마음 편할 때가 있다. 경쟁이 치열한 세계이기 때문에 계약서에 도장을 찍어, 계약을 성사시킨다는 게 만만한 일은 아니다.

자격증을 보유하고 있는 실장들은 업무습득 능력이 빠른 편이다. 자격증 공부를 통해 기본적인 용어나 법률적인 검토에 대한 훈련을 받은 사람들이기 때문이다. 아무런 사전준비 없이 취업하는 사람들도 많기에 그들보다는 업무를 이해하는 속도가 빠른 게 당연한 일이다.

나에게도 3개월의 수습이 끝나자 적지만 성과제로 조건이 변경

되었다. 우리 사무실에서는 실장 언니의 존재가 아주 큰 비중을 차지하고 있었다. 거의 모든 손님을 응대했고, 매물을 관리하고 있었는데 그중 일부가 내게 이관된 것이다. 길눈이 어두웠지만 밤마다 아파트단지를 헤매고 쫓아다닌 보람이 나타나서 어느 정도 위치며 단지 상황을 파악해둔 뒤였기에 매물 접수나 간단한 손님 응대는 할 수 있었기 때문이다. 그렇게 하나씩 경험을 쌓아갔다.

내게는 기회였지만 나의 업무처리 속도가 올라갈수록, 실장 언니의 파이를 나누어야 하는 상황이 벌어졌다. 대부분의 사무실에서 겪는 일이다. 그렇다고 한 사람이 모든 일을 처리할 수는 없다. 사람이 하는 일이기에 한계가 있다. 기계에서 찍어내는 단순노동이라면 기계를 더 좋은 성능으로 바꾸면 되지만 우리 일은 순수하게 사람이 해야 하는 일이다.

그렇게 일 년 가까이 사무실에서 언니에게 배우고 나름의 공부로 지켜나갔다. 그러던 차에 실장 언니 남편이 자격증을 취득하게 되었고 언니는 따로 독립을 해서 남편과 개업을 하게 되었다. 뜻하지 않게 실장 언니의 뒤를 이어받아 사무실을 찾는 고객을 응대하거나 매물을 관리하게 되었고, 자연스럽게 종업원이 아닌 동업으로 바뀌게 되었다.

동업자의 입장이 되면서 융통성이라는 것이 생겼다. 서른이 넘어 반쪽 자리지만 처음으로 온전한 주인이 되었다. 이 분야에서는 아직 어린 나이에 속했지만 일 년 정도 일을 해보니 내가 느낄 정도로 자연스럽게 성격도 바뀌어 갔다. 손님을 대할 때도 조금 여유가 생겼고, 동종 업종의 사람들과 어울리다보니 까다로운 성격도 조금씩 부드러워졌다. 단지 물건을 전시하고 파는 것이 아니라 사람과 사람의 인연으로 부동산을 연결해 주는 곳이기에 거래되는 단위가 클 뿐이지 가게의 규모는 아주 작았다. 부동산의 현실이다.

요즘 추세는 대형화 되면서 크게 법인화가 되고 있지만 지금도 일인 창업자가 많은 곳이 부동산이다. 자격증을 보유하고 있는 한 사람만 있으면 개업이 되니까 좋은 말로 하자면 일인기업가이다. 부동산 사무실은 들어가는 자본금이 많지 않다. 사무공간에 간단한 집기만 있으면 된다. 광고라든지 고객관리 등 자질구레한 것들의 발생 비용만 들어간다.

경영이라고 하기엔 거창하지만, 운용을 해보니 새로운 것들도 많이 알아야 하고 공부를 할 때와는 다른 점이 많음을 느꼈다. 그 당시에는 깨닫지 못했던 사실이지만 과거를 돌이켜서 살펴보니 모든 게 정책과 깊은 관련이 있다는 걸 알게 되었다.

처음 부동산 공부를 시작할 때는 그냥 땅을 보러 다니면서 투자에 대해 떠벌이며 이곳저곳 구경 아닌 구경을 하는 게 너무 좋았다. 늘 이웃에 함께 살던 언니와 헤어진 뒤 섭섭함과 허전함을 채울 곳이 필요해서 공부에 매달렸었다. 그렇게 시작한 공부다보니 부동산에 대해 제대로 알아보지도 못했고 알 리도 없었다. 그런 가벼운 마음으로 부동산 일에 뛰어들었으니 부동산에 대해 알면 알수록 겁이 나는 건 어쩌면 당연한 일인지도 모르겠다. 그렇게 하루하루를 손님들과 웃고 지냈으니 말이다.

고객들은 부동산 가치가 올라 투자수익을 올리게 되면 자신의 선택이 옳았기 때문에 성공적인 투자가 되었다고 생각한다. 반면 가격이 하락하면 능력 없는 중개업자를 만나서 그렇다고 대놓고 얘기한다. 일할수록 겁이 나기 시작했다.

고객들이 스스로 미래를 예측하고 찾아와 계약하는 사람은 없다. 우리도 분명 신이 아니다. 하지만 부동산이라는 특수성 때문에 사람들은 우리가 모든 걸 알고 있다고 생각하고 상담을 하러 오기 때문이다. 절로 책임감이 느껴지면서 마음이 무거워졌다.

그나마 2003년 부동산을 시작할 때는 경기 흐름이나 정책에서도 규제보다는 부양이 많았으므로 사무실은 아무 문제없이 굴러갔다는 것이다. 같이 일하는 파트너의 능력이 뛰어난 영향도 있었다. 동업을 하면서도 의견 차이 같은 건 있을 수가 없었다. 초보를 갓 면한 신출내기 소장이 경력이 많은 사장을 따르며 노하우를 익혀야 하는 것은 당연했다.

나는 다른 사람들보다 더 많은 것을 가까이서 일찍 접하면서 알게 되었다. 경제 용어도, 경제 관념도, 게다가 정치적인 정책 등에는 문외한이었지만 경력이 많은 파트너를 보고 배우면서 경력을 쌓아나갔다. 당연히 한꺼번에 많은 새로운 것들을 받아들이게 되면서 머리가 아픈 날이 많았다.

경력은 쌓는다고 저절로 쌓아지는 게 아니었다. 제대로 된 브리핑을 위해서는 아직도 갖추어야 할 것들이 많았다. 특히 법이 그랬다. 법은 늘 개정되고 새로운 법도 생겨난다. 법에 대해 전부 알아야 할 필요는 없지만 최소한 중개업에 필요한 법들은 숙지하고 고객들을 맞이해야 한다. 전혀 중요하게 다루어지지 않았던 세법이나 부동산 공법이 실제 업무에서는 더 큰 비중을 차지하고 있었다.

부동산은 시장경제에 아주 밀접한 영향을 받고, 그보다도 더 큰 영향을 받는 것은 정부의 정책이다. 17년의 세월 동안 부동산을 하면서 깨달은 점이다.

늘 해마다 새해가 되면 법들이 바뀌게 된다. 나라의 근간은 곧 세금이고, 그중에서도 가장 큰 비중을 차지하는 것이 부동산에 관한 세금이다. 국가의 측면에서 보면 세금이 제대로 잘 걷혀야 거두어진 세금으로 복지를 실천할 수가 있기 때문이다. 그러기에 정권이 바뀔 때마다 가장 큰 화제가 되는 것이 부동산 정책이고, 그로 인해 부동산 세금에 변화가 오게 된다.

그러므로 우리에게 세법은 필수적으로 알아야 할 법이다. 시험을 준비하면서 배운 세법으로 중개업을 유지하기는 어렵다. 돈이 오고 가는 문제이기에 손님에게 잘못된 법으로 설명을 해서는 안 되기 때문이다.

부동산에서 우리는 전문가다. 내가 확신이 서야 고객에게 신뢰를 줄 수 있다. 배우는 자세가 기본이 되어야 하고, 또 배워야만 살아남을 수가 있다.

고객들이 먼저 알기 때문에 부끄럽지 않으려면 공부를 해야 만한다. 전문가가 되기 위하여 늘 깨어 있어야 한다. 어제와 똑같이 살면서 다른 미래를 기대하기 어렵다. 변화를 두려워하지 않는 마음으로, 모든 감각을 깨워 흐름에 맞춰 함께 성장해 나가는 전문가가 되어야 한다.

배움을
습관화해야 하는 이유

2018년, 부동산중개업을 하고 있는 공인중개사의 수가 10만 명을 넘어섰다. 그렇다면 포화상태인 지금도 공인중개사 자격증을 따기 위해 왜 그 많은 사람들이 공부를 하는가. 당장 현업에 뛰어들어 돈을 벌기 위해서인가. 아니면 노후를 위한 투자로 준비하기 위해서인가.

저마다의 사정이 다를 것인데, 한 가지 확실한 건 공인중개사에는 정년 제한이 없어 장기적인 수익을 내는 직업군으로 인식되어 있는 사회 분위기 때문이다. 또 나이, 성별, 경력과 관련 없이 도전 가능하며, 음식점 등과 달리 사무실과 간단한 사무용품만 있으면 업무가 가능하여 쉽게 창업을 할 수 있다는 점도 강점이다. 물론 사무실만 낸다고 해서 사업이 잘 될 것이라는 보장은 없다. 안일하게 시작하는 순간, 수업료를 톡톡히 물어야 한다.

그럼에도 대한민국 국민이라면 누구나 한 번쯤은 공부한다는 공인중개사가 매력적인 직업이라는 사실만은 분명하다.

공인중개사 자격증에 대해 알고는 있었지만 처음엔 전혀 관심을 갖지 않고 살았다. 친하게 지내던 언니가 공부를 시작하자고 제안을 했을 때도 큰 욕심 없이 성실하게 다녔을 뿐이었다. 학창시절부터 개근상은 늘 받았을 정도여서 꾸준히 학원에 다녔고, 공부를 할수록 알 수 없는 끌림으로 더 열심히 했다. 점점 반드시 멋진 중개사, 성공하는 중개사가 될 것이라는 꿈이 생겼다.

현실은 그리 만만치 않았다. 이상과 현실은 동떨어져 있음을 실감했다. 겨우 자격증 하나로 주어지는 부동산 사무소 소장이라는 직위가 무거워지는 것을 느꼈다. 사람들은 소장이라고 하면 뭐든지 다 아는 것으로 생각한다. 부동산에 관한 아주 사소한 문제부터 큰 고민거리까지 상담을 해온다.

그러나 내가 알고 있는 것에는 한계가 있었다. 겨우 자격증 하나로 많은 양의 법과 지식을 알 수는 없었다. 실제 업무에서 필요로 하는 것들과는 당연히 차이가 생겨났다.

한 번은 고객이 양도소득세에 관해 질문을 했다. 고객들은 세금문제라고 하면 지레 겁을 먹고 계약도 진행하기 전에 먼저 묻는다. 오르지도 않은 부동산을 가지고 세금에 대해 민감한 반응을 보이기도 한다.

간단한 계산이야 수월하지만 복잡하게 경비로 인정해 주는 부분이 어디까지인지 등등을 묻는지라 당황했다. 같은 도배를 하더라도 인테리어는 경비로 인정을 받지만, 그냥 도배는 경비로 인정을 받지 못하는 등 세세한 부분을 그때는 제대로 알지 못했기 때문이다.

부동산 자격증 하나만 있으면 다 되는 줄 알았는데 더 깊이 있는 공부가 필요하다는 것을 그때 알았다. 또다시 새로운 공부를 찾아 나섰다. '○○법률 중개사'라는 타이틀로 대학 평생교육원은 아니지만 1년 과정으로 진행되는 수업이 있었다. 수도권에서만 진행되었는데 마침, 지방에서는 처음으로 부산에서 매주 토요일 1시부터 10시까지 진행하는 수업이었다. 망설일 필요도 없었다.

또다시 토요일이 분주해지기 시작했다. 출근 후, 대충 일을 정리하면서 인수인계를 하고 부산으로 향했다. 많은 사람들이 배움의 열기로 모여들어 분위기가 뜨거웠다.

'○○신문사' 강의실이었는데 우리 수업 말고도 다른 강의실에서는 주식 등 재테크와 관련된 다양한 강의를 진행하고 있었다. 신문에서 광고로 볼 수 있는 강의가 이런 것이라는 걸 그때 처음 알았다. 실제로 이렇게 강연을 듣기 위해 사람들이 몰려든다는 사실을 알지도 못했다. 그야말로 신세계가 열린 셈이다.

그날부터 결연하게 마음을 다잡았다. 한 단계 업그레이드된 중개사가 되기 위한 공부를 시작한 것이다.

자격증 공부를 할 때와는 또 다른 전율이 일었다. 돈이 되는 공부였으며 현업에 있으면서 접하는 문제를 해결하기 위한 실질적인 공부라서 더 와 닿았다. 공부를 같이하는 사람들 역시, 다양한 경험을 하고 이 자리에 온 사람들이었다. 부동산을 하기 전에 다른 직장이 있었거나 다른 일을 하던 사람들이 많았다. 누구든 사회로 들어와 첫 경험을 부동산으로 시작하지는 않으니까 다양한 경험을 가진 사람들을 만나면서 여러 이야기를 들을 수 있었고 내 생활 속에 적용할 수 있었다.

김해에서 부산까지 매주 수업을 들으러 가는 일이 생각만큼 쉽지는 않았다. 장시간 앉아서 수업을 듣다보니 허리 통증 때문에 돌아오는 밤길을 운전하는 일이 힘겨웠다. 그래도 새롭게 하나하나 알아가는 기쁨으로 일 년이라는 시간을 매주 오갔다. 나 외에도 김해에서 수업을 받기 위해 부산까지 오갔던 두 분이 더 있었다. 부동산을 운영하는 소장님과 퇴직을 한 후에 개업을 준비하고 있던 남자 분이었다.

수업은 이제까지 접해보지 못한 신세계였다. 흔히 부동산 자격시험에 나오는 공법은 중요한 부분만 외우고 또 외우면 됐다. 건폐율, 용적률만 외워도 몇 문제는 거뜬히 맞힐 수가 있었다. 하지만 실제로 업무에서는 산지법이나 농지법에 대해 훨씬 더 잘 알아야 하고 적용된다. 물론 이런 법들은 시험에 1~2문항에 그쳐 아예 농지법이나 산지법은 그냥 패스하는 경우가 대부분이다.

일하면서 느끼는, 법에 대한 갈증을 하나씩 해소하다보니 일도 더 수월해지고 자신감도 커졌다. 왜 논에 투자하는 게 유리한지, 어떠한 논을 사야 하는지, 왜 논은 그린벨트나 토지거래허가구역으로 지정돼 아무나 살 수가 없는지 등등 현장에서 필요한 실질적이 것들에 대해 배웠다. 한마디로 돈 버는 방법에 한층 더 가까워지게 되었다고 할 수 있다.

수업에서 배운 것들을 하나씩 하나씩 다시 되새기고 되새기면서 '나만의 힘'을 키워나갔다. 일을 통해 더 많은 경험을 하면서 사회를 보게 되었고 생각을 크게 가지게 되었다.

물론 부동산중개업자는 단순하게 생각하면 중개만 하면 된다. 하자 없이 계약서대로 하면 된다. 돈을 벌든 집값이 오르든 내리든 그 이후의 일까지 책임을 질 필요는 없다.

하지만 일을 하면 할수록 나는 남들과 달라야 한다는 마음이 점점 더 강하게 끓어올랐다. 선한 부자, 행복한 부자가 많아졌으면 했다. 나 하나의 노력이 얼마나 큰 성과를 끌어내겠냐마는 나 하나의 날갯짓으로 많은 사람이 변화하지 않을까? 나 같은 생각을 하는 사람이 하나씩 둘씩 늘어난다면 가능하지 않을까 생각한다.

부동산은 살아 있는 시장이다. 시장경제에 따라 사회분위기, 정책 등 많은 영향을 받는다.

공장에서 생산되는 공산품은 오르는 폭이 누가 보아도 알 수 있다. 인건비가 오르고 재료비가 오르는 것으로 그 값을 예측할 수가 있다.

부동산은 다르다. 오르는 주기에 따라서 올라야 하는데, 새로운 정책이 나오게 되면 크게 영향을 받아서 곤두박질치기도 하고 폭등을 하기도 한다. 해서 앞서 말한 것처럼 늘 깨어 있는 사람이 되어야 하는 것이 부동산중개업이다. 내 재산의 문제가 아니라 고객의 재산을 지켜주어야 하기 때문이다. 그래서 배워야 한다. 부동산은 아는 만큼 보이는 것이고 해서 배우고 또 배워야 한다. 누구나 다 아는 것들로서는 내 고객의 재산을 안전하게 지켜줄 수가 없다

부동산은 어떤 재화보다도 트렌드가 중요하다. 집은 그저 단순한 집이 아니라 투자재이기 때문이다.

우리가 겪는 모든 것들이 점점 더 빠른 속도로 변화하고 있다. 부동산이라고 예외일 수 없다. 더 복잡하고 더 다양해진다. 지금부터라도 생각을 바꾸어서 접근해야 한다. 단순하게 내 집을 마련할 것인가, 아니면 투자로 1년 뒤, 2년 뒤의 내 삶을 바꿀 것인가.

당장 오늘부터 부동산이라는 세계에 눈을 떴으면 한다.

'배움은 미래를 위한 가장 큰 준비'라고 아리스토텔레스는 말했다. 사람들 의식을 깨우쳐 주고 내일의 희망을 만들어 주고 싶

다. 어렵고 힘든 것이 아님을 알고 차근차근 풀어봤으면 좋겠다.

부동산경기가 호황이라고 해서 꼭 유리한 것도 아니고, 반대로 불황이라고 해서 불리한 것도 아니다. 미래가치가 있는 부동산을 고르는 안목을 가지는 게 가장 중요하다. 항상 관심을 가지고, 안목을 기르도록 하자.

하나의 정보는 하나의 현상을 말하지만 취합된 정보는 앞으로 다가올 미래를 미리 보여줄 것이다. 도전하지 않으면 성공할 수 없음을 기억하기를 바란다. 그리고 도전의 주춧돌은 배움임을 명심해야 한다. 그런 의미에서 10만 명이 넘는 포화상태의 공인중개업에서 살아남으려면 어떻게 해야 하는지 간단하게나마 마음에 새기기를 바란다.

첫째, 배움에는 항상 물음표가 중요하다.
질문이 없는 자는 바보와 같다.
똑똑한 자는 자신이 모르면 물어보거나 스스로 관련 정보를 찾아본다.
모르면 넘어가지 않는다. 얼렁뚱땅 넘어가기보다는.

둘째, 배움에는 끝이 없다.

셋째, 배움을 통해, 자기화 시키는 노력이 필요하다.

넷째, 될 때까지 하고 또 하라. 적어도 삼 세 번은 해봐라!
배움의 끈기와 열정의 과정이다. 이것 없이 어떤 것도 그냥 절로 얻을 수 없다.

다섯째, 배움의 습관화!
배움을 습관화하면 인생이 달라진다.

초보 투자자들의 실수가
실패로 이어지는 이유

정부의 강력한 '8·2 부동산 대책' 이후에도 부자들은 평정심을 유지했다.(*2017년 8월 2일 발표 / 세제, 금융, 청약, 재개발·재건축 관련규제들이 총망라된 문재인 정부의 부동산 대책으로 투기과열지구 및 투기지역 지정, 다주택 양도세 중과, 1가구 1주택 양도세 비과세 요건 강화, 청약 관련규제 등 고강도 부동산 대책이 담겨 있다.)

부동산은 가장 위험부담이 적고, 가치가 올라가는 자산이라는 것이 오랜 시간에 걸쳐 확인되었다. 이렇게 우리나라 부자들의 상당수가 부동산을 통해서 부를 축적했고 현재도 그러하다.

1996년, 김해는 신도시라는 이름으로 급성장하는 도시였다.

여기저기 신축 아파트 입주가 이루어지고 있는, 말 그대로 살아 있는 도시였다.

그때 나는 아이 키우면서 주부라는 이름으로 살아갈 때였다. 두 아이를 유치원에 보내고 나면 우리 아줌마들 세상이었다. 삼성자동차가 르노삼성자동차로 바뀌기 전이니 어딜 가나 삼성맨들로 넘쳐났다. 그렇게 수도권의 젊은 아줌마들이 대거 유입되면서 김해는 상냥한 말투의 서울 아줌마들로 넘쳐났다.

신도시 곳곳에서 아줌마들이 삼삼오오 돌아다니면서 맛난 것을 먹고 수다를 떠느라 낮 시간의 식당에서는 남자들을 찾아보기 힘들었다. 나 역시도 윗집 언니들이랑 이곳저곳 눈요기를 하면서 돌아다니던 시기였다.

아줌마들의 주요 관심사는 아이, 그리고 돈 이야기였다. 주식이며, 부동산 얘기는 늘 화제였다. 신도시이다 보니 부동산은 이야기 중심에 놓여 있었는데, 당시에는 아파트보다는 상가에 더 많은 관심을 가지던 시기였다. 막 새로 입주를 했으니 다음으로는 상가를 갖는 것이 저마다의 로망이 되던 시기였다. 자고 나면 하나씩 건물이 올라가는 상가 전성시대에 우리 아줌마들은 매일 부동산 아이쇼핑을 다녔다.

아침은 간단한 커피 한 잔으로 마무리를 하고 이른 점심을 먹고 나면 아이들이 올 때까지의 시간은 마음껏 즐길 수 있었고 그 중심에 부동산이라는 아주 흥미로운 볼거리가 있었다.

컨테이너로 되어 있는 분양사무실에 들어가 상가 가격표나 카탈로그를 한가득 받아서 나오면 다시 우리들의 장소로 이동을 하여 "여기는 입구가 좁네, 저기는 뒷문이 없고…." 하는 열띤 토론을 벌였다. 저마다 나름의 기준과 상식을 총동원하여 가치를 평가한다. 적은 돈으로 살 수 있는 상가는 없었지만 대리만족은 되었다.

대부분 신도시가 들어서면 기존의 논과 밭들을 부지로 조성하여 아파트가 들어서고 상가가 들어서게 된다. 그리고 논과 밭들은 보상금이라는 이름으로 평생 농사를 지으며 살아온 우리네 부모들에게 목돈을 안겼고 자식들은 부자의 반열에 오르게 되었다. 그래서 김해에는 젊은 부자가 많았고 주위 학부모들을 보아도 모습은 시골 아낙이지만 상가도 가지고 있고 주식도 크게 하는 신흥 부자들이 많았다.

"A 엄마는 △△ 상가를 가지고 있고, B 엄마는 □□ 건물을 가지고 있다더라."
이런 소리가 들릴 때마다 '얼른 상가 주인이 되어야지.' 라고 생각하면서 친한 언니들과 열심히 상가 투어에 나섰다.
가진 돈은 얼마 없었지만 큰 꿈을 안고 여기저기 기웃거리다 딱 내게 맞는 금액의 상가를 발견하게 되었다.
상업지 내에 있는 8층 높이의 상가인데 1층 복도 엘리베이터 앞

상가가 나온 것이다. 분양사무실에서는 면적이나, 금액이 딱 내가 원하는 조건이니 계약을 하자고 했다.

며칠을 생각하고 생각했다. 처음으로 하는 부동산투자이니 신중하게 해야 한다면서, 막상 겁도 났다. 복도 앞 엘리베이터를 끼고 있으니 상가 사람은 물론이고 상가를 이용하는 사람은 누구나 눈에 띄는 장소이므로 어떤 업종으로 세를 놓아도 잘 나갈 것이라고 했다.

맞는 말이었다. 부동산에 아무런 지식이 없는 내가 보아도 쉽게 그런 자리가 나올 것 같지 않았다. 더구나 그런 자리가 금액도 내가 가지고 있는 것과 일치를 하니 더 할 수 없이 좋은 매물이었다.

부동산을 순수하게 내 자본만을 가지고 투자하는 사람은 투자의 기본을 모르는 사람이다.

남편은 순수한 월급쟁이였고, 대출이란 있을 수 없는 일이다. 절대 무리한 투자를 해서 안 된다고 생각하던 시절이었다. 그때는 오로지 내 돈으로만, 투자해야 한다고 생각하던 시기였다.

남편보다는 대부분 시어머니와 의논을 하면서 살았다. 어머니는 항상 든든한 지원자이면서 언제나 내 편이셨기에 흔쾌히 좋다고 하셨다. 다음날부터는 집중적으로 상가를 관찰하기에 나섰다. 며칠을 상가 주위를 맴돌면서 입지를 살피고 또 살폈다.

분양사무실에서는 작은 면적이니 임대가 금방 나갈 것이라는 희망적인 말을 건네는 것도 잊지 않았다. 또 어머니의 동석으로 나이 드신 분이 오셨다면서 식사나 하시라고 봉투 하나를 따로 챙겨 주는 것도 잊지 않았다. 참으로 따뜻한 직원이라 생각이 들었다. 한데 지금 와서 보니 우리는 그 흔한 흥정도 하지 않고 적혀 있는 금액 그대로 주고 계약을 했으니 점심 값 정도는 후하게 받았어야 될 일이었다.

상가는 아파트 분양대금처럼 정해진 금액이 없다. 물론 회사에서 정한 금액은 있었지만 정액은 아니다. 기준은 있지만 얼마든 조정이 가능한 것이다.

분양사무실에서 신경을 써 준 덕분인지 가게는 금방 주인을 만났다. 나이도 비슷한 탓에 주인과 세입자가 아닌 친구로 빠르게 친해졌다. 가게는 신도시에 어울리는 젊은 엄마들을 위한 보세 옷 가게였다. 윗집 언니도 자기 돈에 맞추어 같은 건물에 나란히 계약을 했다. 언니는 사회경험도 풍부했고 감각도 뛰어났기에 의류 가게 사장님이 되었다. 그렇게 날마다 집집마다 돌아가며 하는 모닝커피 모임이 아닌 가게에서 모닝커피를 마시고 점심을 먹고 저녁을 맞이하는 세월을 보냈다.

아마도 의식이 조금이라도 깨어 있었다면 좀 더 효율적으로 살았겠지만, 그 시절을 그렇게 보냈기에 지금, 시간의 소중함을 더 절실히 느끼게 되었는지도 모를 일이다.

세상의 모든 일은 그냥 되는 것이 없다고 생각한다. 그때 가까이 지내던 이웃들이 내 인생에 있어서 크고 작은 교훈을 남겼다.

그들만의 세상에 내가 들어갈 수 있었기에 그 세상을 보는 눈도 알게 되었고 누구나 같은 삶을 사는 건 아니란 것도 알게 되었다. 일찍 결혼했기에 사회도 세상도 전혀 몰랐던 내가 많은 것들을 느끼고 배우고 살 수 있었던 시간이었다. 아직도 그들에게 많은 걸 배우고 있다. 이후로도 상가는 계속 건축이 되었고 새로운 주인을 찾아가고 그렇게 주부로서의 하루하루를 살아가고 있었다.

베이비붐 세대의 사람들이 은퇴하기 시작하면서 수익형 부동산에 눈을 돌린다. (*수익형 부동산 : 주기적으로 임대이익을 얻을 수 있는 부동산을 말한다.) 노후연금으로는 생활이 풍족하지 않으니 월세를 받아서 생활하자는 취지에서 월세가 나오는 상가에 많은 돈들이 몰리고 있다. 하지만 상가라고 해서 다 같은 상가가 아니었다. 내가 가지고 있는 상가는 제 가치를 제대로 발휘하기 힘들다는 것을, 부동산을 하면서 알게 되었다.

건물 안에 위치해 있는 상가에는 들어올 수 있는 업종이 한계가 있다. 요즘은 유명 프랜차이즈 등 대형으로 가고 있으니 소규모 상가는 영세업종이 들어설 수밖에 없고 장사가 안 되는 악순환을 거치게 된다. 자연스럽게 월세 수익은 뒤처질 수밖에 없다. 월세를 보고 투자하는 부동산에서 소규모 상가는 당연히 거래에서 제외가 된다. 상가를 가지고는 있지만 제대로 월세를 받아본 지가 언제인지 까마득하다.

"월세를 제대로 내지 않으면 그냥 내보내고 새로운 세입자를 들이지."하는 소리를 한다면 그건 부동산을 몰라서 하는 이야기다. 장사가 안 되는 곳인데 누가 들어와서 어떤 장사를 할 것인가? 그냥 구관이 명관이라고 기존의 세입자를 끌어안고 사는 수밖에 없게 된다.

중개업을 하면서부터 적은 돈에 맞춰 상가를 매입하러 오는 손님들에게는 강력하게 얘기한다. 똑똑한 놈 하나만 하든 아니면 적은 돈으로도 수익을 낼 수 있는 상가도 있으니 천천히 알아보고 결정하라고.

그런데 손님들은 내 말뜻을 이해하는지 아니면 귓등으로 흘리는지 모르겠지만 돌아오는 답들이란 게 엉뚱한 부동산에 가서 당당하게 계약을 하고 와서 임대를 의뢰한다. 이럴 땐 참으로 황당하다.

나 같은 엉터리 투자자가 나오지 않기를 바라는 마음에서 진심을 담아 조언하면 손님들은 보유한 매물이 없어서 그러는 것으로 알고 오해를 한다. 하지만 부동산은 공동중개라고 해서 어느 부동산과 거래를 하든 내게 오는 고객은 내가 수수료를 받게 된다. 그러니 제발 믿어야 한다.

"편의점 세나 주고 월세 받으려고요."

오늘도 한 사람이 왔다. 은행에 넣어 두어도 이자가 얼마 안 되어서 주식을 하기도 그렇고 해서 상가분양권을 하나 계약을 했단다. (*상가분양권 : 아직 다 지어지지 않은 상가를 입주할 수 있는 권리로 아파트 분양권과 같은 개념이다.) 편의점은 아무 곳에나 들어오는 것이 아닌데도 1층 상가면 일반인들 대부분은 편의점을 생각한다. 머리가 하얘진다. 그곳은 편의점으로는 도저히 수익이 날 수 없는 구조인데 손님은 해맑게 웃으면서 잘 부탁한다면서 일어선다. 이런 고객들에게 이렇게 말하고 싶다.

"제발 저와 계약하지 않아도 좋으니 큰돈을 들여 투자하는데 직접 물어보고 계약하세요!"

몇 만 원짜리 옷 하나를 고를 때도 입어보고 물어보고 몇 번을 갈아입 보고 고르면서 왜 부동산 투자에는 다른 곳에 물어보면 큰 일이 난다고 생각하는지 모르겠다.

"고객님들! 부동산에 와서 물어보셔서도 돈 달라고 안 합니다. 그 매물 뺏어가지 않습니다. 제대로 가치를 평가받아 보고 결정하셔도 늦지 않습니다. 제대로 평가하시고 구매하세요! 그래도 늦지 않아요."

왜 사람들이 부동산을 좋은 시선으로만 보지 않는 것일까. 나는 처음부터 지금까지 내가 만족해야 고객들에게 권할 수가 있었다. 중개업자는 법정수수료 이외에 다른 이득을 챙기는 것을 법으로 금지하고 있으며, 성실하게 중개를 해 줘야 할 의무가 있다.

그런 내 마음을 알아주는 고객들은 몇 되지 않았다.

그렇지만 아직도 변함없다. 따가운 시선을 바꾸고 싶었고, 요즘

은 당당하게 얘기한다. 다른 곳에서 계약하셔도 좋으니 계약 전
에 전화라도 해서 물어나 보시라고, 고객들의 피 같은 돈을 어처
구니없이 실패한 초보 투자자들의 실패를 막기 위해 오늘도 목소
리를 높인다.

맹지,
들어는 봤는가?

의류가게를 운영하는 A 언니는 적극적인 성격에 활동력이 강해 무엇이든 앞에 나서서 진두지휘를 하는 지도자형 타입이다. 나도 그런 언니 뒤를 따라다니며 많은 것을 보고 배울 수 있었다. 언니의 영향으로 부동산에 관심이 생겼고, 언니와 같이 상가를 사들이게 되었고, 그 덕에 다른 사람들보다 조금 일찍 임대인이라는 달콤한 지위를 갖게 되었다. 비록 지금은 허울뿐인 임대인이지만 말이다.

하나를 알게 되니 둘을 알고 싶어지는 것은 자연스러운 일이었다. 누구나 거쳐 가는 순서처럼, 본격적으로 부동산 사무실 투어를 시작했다. 부동산중개업을 하게 되니 나와 같은 사람을 응대하는 것이 그리 달가운 것만은 아니라는 걸 뒤늦게 알게 되었지만 말이다.

얼마 후, 삼삼오오 손을 잡고 근처의 부동산에 가서 나와 있는 매물들을 둘러보러 다녔다. 부동산 윈도쇼핑처럼 말이다. 언니는 아파트가 아닌 전원주택으로 관심이 옮겨갔고, 나는 땅에 관심이 생겼다. 땅을 사서 그림 같은 집을 짓는 게 꿈이었다.

이곳저곳에 있는 땅들을 보러 다녔다. 김해는 도시와 농촌이 함께 공존하는 곳이라 차를 타고 조금만 나가면 공기 좋고 경치 좋은 곳이 많았다. 강물이 흐르는 곳, 산을 끼고 있는 곳, 넓은 논을 바라보는 곳, 다양한 입지의 땅들을 고를 수가 있는 도시다. 부동산 사람들과 땅들을 보고, 다음날 또 우리는 갔던 곳의 현장답사를 한다. 지리도 제대로 알지 못하면서 가는 길도 돌아보고 나온 땅도 다시 보고 근처의 풍광도 살펴보았다.

물론 그곳에 근사하게 지어진 주택들도 둘러보았다. 잘 지어진 집을 보면, 주인에게 구경을 할 수 있는지 양해를 구했다.

"집이 너무 예쁘고 마음에 들어서 그러는데 집 좀 구경시켜 주실 수 있나요? 이곳에 집을 지으려고 둘러보고 있는데."

주인들은 거리낌 없이 안내를 해 주었다. 정원에 심은 각종 꽃과 나무를 쳐다보는 것보다는 텃밭에 심긴 상추와 고추가 더 마음을 사로잡아 "이런 집에 꼭 살아봐야지." 하는 열정을 불태웠다.

한창 땅에 관심을 보이며 다니던 때가 여름이었다. 강을 끼고 계곡이 있는 쪽의 땅들은 물이 흘러 시원했고, 산자락에 있는 땅은 시원한 그늘을 만들어 주어 나무들이 울창했다. 전원생활의 꿈을 마음껏 불을 지르기에 좋은 계절에 땅을 보러 다녔다. 한여름 내내 경치 좋은 곳을 찾아다녔지만, 언니가 결정한 땅은 주택과 상가가 들어설 수 있는 도심 내의 주택지였다. 자녀교육에 열정적인 언니가 아이들 교육 때문에 차마 도시를 떠나지 못하고 주택의 꿈을 실현할 수 있는 곳으로 낙점한 것이다.

그날부터 우리들의 건축 공부가 시작되었다. 어떤 구조로 지을 것이며 무슨 자재를 쓸 것인지. 이제부터는 부동산이 아니라 건축 자재 파는 곳, 인테리어 가게 등 구경하기에 나섰다. 내 속에 건축가의 기질이 숨어 있는 듯했다. 가는 곳마다 보는 것 하나하나 흥미롭고 신기하지 않은 것이 없었다. 마치 내가 집을 짓는 듯 착각 속에 매일 언니와 이곳저곳을 누비게 되었다.

김해 내외동 신도시가 정점을 이루는 때였으니 어딜 가나 건축하는 현장이었다. 우리는 또 날마다 현장을 기웃거리기 시작했다. 외벽은 이게 예쁘다 저게 신선하다를 외치며 건축이라고는 하나도 모르면서도 마치 건축 전문가인양 앉으면 건축을 화제로 이야기를 나눴다. 그래서 탄생한 작품이 언니의 첫 주택이 되었다.

당시 최첨단 아일랜드 식탁을 가운데 놓고 빌트인으로 냉장고,

김치냉장고를 꾸미고 모두가 원하는 계단 있는 복층, 드라마에 나오는 나무계단을 쭉 타고 오르면 자녀들 방, 그 앞으로 베란다 공간이 펼쳐진다. 베란다에서 차를 마시는 시간을 즐기는 장면들을 연상하면서 그려낸 복층형 주택이었다. 그림은 멋졌지만, 도심 내에서는 그리 멋진 광경이 나오지 않는다는 걸 그제야 깨달았다. 모든 주택이 그러하듯이 옆집과 앞집의 지붕을 쳐다보고 마치 옥탑방 앞에 놓인 입구와 같은 느낌이라고 해야 할까?

실내 인테리어는 언니의 미적 감각으로 아주 그럴싸한 그림이 나왔다. 정형화된 걸 싫어하는 성격의 소유자라 가구 배치며 동선들이 잡지에 나오는 집들처럼 꾸며졌다. 그렇게 또 새로운 형태의 부동산을 배우고 깨우치게 되었다.

언니는 도심의 주택지를 골랐지만 나는 달랐다. 이사를 할 마음이 없었기에 아파트를 처분할 생각도 전원주택으로 갈 마음도 없었다. 내가 선택한 부동산은 땅이었지만 어떤 땅을 사야 하는지 몰랐다. 그저 땅이면 되었다. 언니는 전원주택이라는 목적이 있었지만 나는 내가 원하는 땅을 몰랐기에 그저 부동산 사무실로 가서 그들이 보여주는 땅을 보기만 한 것이다. 시골에 있는 논을 보기도 하고 밭을 보기도 했다. 부동산에 대해 아는 게 하나도 없었으므로 어떤 선택이 좋은 것인지, 투자가치가 있는 것인지도 알 도리가 없었다. 그저 무작정 부동산에서 소개해 주는 곳으로 끌려 다녔을 뿐이다.

농사를 지을 줄도 몰랐고 농사지을 마음은 아예 없었다. 당연히 농지는 내가 사고 싶은 땅이 아니었다. 자연히 도심의 논은 투자에서 제외하고 범위는 조금씩 줄어들었다. 내가 요구하는 조건은 의외로 단순했다. 사두면 값이 오를 만한 땅이었다.

부동산은 시간이 가면 당연히 오른다. 물가가 오르는데 부동산이 오르지 않는 경우는 거의 없다. 상가 같은 경우는 감가상각으로 인해 자산의 손실이 나올 수도 있지만, 땅의 경우는 다르다. 얼마나 올랐는지의 차이는 있을지라도 오르는 건 분명하다. 어리석은 투자자의 전형적인 표본이 나였다. 기본 중의 기본도 모르고 부동산투자를 한다고 다녔으니 말이다.

부동산투자를 할 때는 어떤 분야에 어떤 목적으로 구매를 하는지를 먼저 결정해야 한다. 즉 투자의 목적성이 정확해야 한다. 그럼에도 투자를 할 때 공부해야 한다는 생각은 전혀 하지 못했다. 그땐 부동산 사무실에서 하는 말이 전부였다.

큰돈을 투자하는 건 아니었다. 적은 자본에 맞춰 투자를 했으니 좋은 매물이 내게까지 오지는 않았을 것이다. 그리고 내가 얼마나 어리석었는지를 뒤늦게 알게 되었다.

김해는 신도시가 조성된 곳이고 기존의 구 도시와 나눌 수 있다. 내가 선택한 곳은 기존 김해 지역으로 동네에 있는 텃밭 정도로 보면 되는 곳이다. 부동산에서는 처음엔 논을 권했는데, 농사도 짓지 못하는 내게 논을 사라고 권하는 게 나는 이상한 말로 들렸다. 논은 농사만 짓는 줄 알았으니, 아무리 생각해도 이해가 가지 않았다. 지금이야 논이 돈이 된다는 것을 알지만 말이다.

그때 부동산 사무실에서 권하던 곳은 지금 엄청난 신도시로 바뀌었고, 보상비만 해도 어마어마하게 나갔다.

그때 내가 선택한 곳은 외곽에 있는 집터 뒷밭이었다. 이제까지 보러 다녔던 땅처럼 낮은 산을 뒤로 하고 있고 풍수지리라고는 모르는 내게도 안정적인 느낌이 들고 맘에 들었다. 내가 아는 상식인 배산임수에 딱 들어맞았다. 무엇보다 중요한 건 가격이었다. 내가 가진 돈과 딱 맞았다. 거기다 부동산 사무실 소장이 들려주는 얘기까지도 너무나 흡족했다.

소장은 말했다.

"사실 이 땅은 부동산 사무실이 가지고 있어야 하는 매물입니다. 근데 우리가 여기저기 투자를 많이 해서 여유가 없고 또 땅 주인 부모가 상속을 해 주려는데 땅으로 주기보다 현금으로 주려고 급하게 처분하는 것이라 가격도 시세보다 저렴합니다."

모든 것이 완벽해 보였다. 사실 잘 모르는 내가 봐도 소장이 내민 서류에 나와 있는 공시지가가 매매가보다 높았다. 무슨 이유인지는 몰라도 서류상 금액이 더 높다는 것은 얼마나 싸게 사는 것인지를 한 번 더 일깨워 주는 것이었다. 맘속에서 벌써 이 땅은 내 땅이 된 것이나 다름없었다. 다음날부터 또 현장을 살펴보았다.

근처에 아웃렛이 들어서는 것으로 예정되어 있어서 그 진입로가 만들어지는 것만으로도, 땅값이 많이 오를것 같았고 나중에 식당을 해도 괜찮은 길목 같아 보였다. 어찌나 예쁘게만 보이는 땅인지…. 내가 빨리 계약하지 않으면 누군가 금방 계약을 해버릴 것만 같았다. 다른 곳에는 물어보지도 않고 계약하기로 마음 먹었다.

이것이 두 번째 실수라는 걸 그때는 생각조차 하지 못했다. 앞서 말했던 것처럼 중개업소 3곳 이상을 방문해서 시세를 확인해야 한다. 그런데 그때는 혹 다른 곳에 물어본다고 하게 되면 노출이 되어서 자칫하다가는 내가 계약을 하지 못하게 될 수도 있다는 마음이 앞섰다.

계약은 일사천리로 진행이 되었다. 계약하는 날 부동산 사무실 소장은 너무나 아쉽다는 표현을 아끼지 않았다. 본인이 잡아놓으면 더 높은 값으로 팔 수 있는 매물인데… 매도인은 아는 동네 형님이라며 나오지 않고 법무사에서 모든 걸 일괄처리를 해 주었다. 등기필증을 받았고 든든한 마음으로 내 땅이 있는 곳을 지날 때마다 흐뭇한 세월을 보냈다.

그런데 이렇게 구매한 내 땅은 무용지물이었다. 건축을 할 수 없는 맹지라고 들어봤는가? 길이 없는 그런 땅 말이다.

사람이 앞을 보지 못하면 '맹인'이라 부른다. 땅에 도로가 없어 길이 없는 땅을 '맹지'라고 부른다는 걸 공부를 하면서 알게 되었다. 땅을 고를 때 꼭 봐야 할 포인트 중의 하나는 바로 진입로다. 땅이 아무리 예쁘고 전망이 좋아도 들어가는 길이 없다면 이용할 수가 없다. 그러므로 그 어떤 건축도 할 수 없다. (이인수 소장이 쓴 맹지탈출이란 책을 보면 맹지에 대해 자세히 설명되어 있고, 맹지에서 벗어나기 위한 다양한 전략들이 있으므로 경우에 따라서는 맹지를 싼값으로 구입해 고수익을 얻는 투자법이 있다. 물론 공부를 해야 한다.)

토지를 살 때는 들어가는 길이 있는지 반드시 지적도를 발급받아 확인해야 한다. 부동산 소장은 후에 예쁜 집도 지을 수 있다고 했지만 사실이 아니었다. 단지 계획도로만 예정이 되어 있을 뿐이었다.

그 후 내 땅은 어떻게 되었을까? 도시계획은 필요할 때는 도로도 만들고 다리도 만들지만, 효용 가치가 없거나 필요가 없으면 취소될 수 있는 것 또한 도시계획이다. 몇 년 뒤 내 땅은 도시계획 시설로 예정되었던 도로마저 취소됐다. 화장실 한 칸도 만들 수 없는, 순수한 맹지로 남아 있다.

멋도 모르고 땅을 보러 다니는 것이 좋았다. 예쁜 집을 지을 동경만으로 부동산을 봐왔다. 목적 없는 투자를 했기에 나의 투자는 실패로 끝났다.

부동산은 공부해서 투자를 해야 만한다. 시장에서 콩나물 한 봉지를 사는 게 아니지 않은가? 투자 목적도 중요하고 또한 어떤 중개사를 만나야만 내 자산을 지킬 수 있는지 신중하게 생각해야 한다.

초보 투자자들은 경험이 없으므로 실패할 확률이 남들보다 '아주' 높다! 초보 투자자들에게 가장 중요한 사실은, 경험 많은 선배들의 조언에 귀를 기울일 것! 끊임없이 묻고, 조언을 구하여 행동할 것! 이게 정말로 중요하다.

부동산 정책은 그때그때 변할 수 있지만, 부동산투자의 원칙은 변하지 않는다. 시행착오를 최소화하기 위해서라도 이 책에서 말한 대로 많은 조언을 구하기를 바란다!

부동산투자에는 세 가지가 쳇바퀴처럼 맞물려 있는데, 바로 '돈'과 '사람' 그리고 '정부의 정책이나 개발이슈'다. 이 세 가지가 합이 좋을 때, 투자해야 성공할 수 있다. 나와 같은 실수를 하지 않기를 바라며, 투자하기에 앞서서 공부를 하기를 권한다.

Chapter 3

부자 엄마의 부동산 수업

차익형 부동산
VS 수익형 부동산

"어머님 댁에 수익형 부동산 하나 놔드려야겠어요."

우스갯소리로 여겨지던 이 말은 원래 내가 노후에 듣고 싶은 말이었지만 이제는 실제 현실에서 오고가는 시대가 왔다.

과거만 하더라도 토지투자에 대한 오해가 많았고, 그만큼 좋은 인식보다는 안 좋은 인식이 대다수였다. 하지만 언제부터인가 투자에 대한 인식이 변하고 있다.

젊은 시절 나 역시 땅 투자에 대해 부정적인 시각이 많았고, 경매를 공부할 때도 아파트를 보고 가끔 상가를 봤을 뿐 토지에 대해선 아예 쳐다보지도 않았다. 이유는 단순했다. 토지는 "어렵다."

라고 느꼈고 '부자'들만 할 수 있는 재테크 방법이라고 생각했기 때문이다. 왜 어렵게 느껴지는지 원인을 찾기보다는 1차원적인 사고로 제일 먼저 어렵다고만 여겼다.

돌이켜보면 전혀 어렵지도 않고 복잡하지도 않은 게 토지투자다. 이 말에 동의하지 못한다고 해도 괜찮다. 일단 땅 투자에 대해 지목, 용도에 깊게 따지고 들어가기 전에 일단 단순하고 쉽게 생각해보자는 것이다.

대한민국 사회가 땅, 경매 등의 재테크에 많은 관심을 갖게 되었다는 얘기가 기정사실화 될 정도로 관련 도서가 큰 반향을 일으키고 있다. 최근 경제 상황과 얼어붙은 부동산시장을 반영하여 향후 재테크의 방향성을 가늠할 수 있는 좋은 스승이기 때문이다.

말로만 듣던 저금리시대다. 은행에 10억 원을 예치해 둬도 월 이자는 고작 100만 원인 시대에 살고 있다는 말이다. 많은 사람들이 돈을 불리는 방법, 그러니까 투자방법에 대해 다각도로 모색하고 있는 현실이다. 악재 속에서도 이유 있는 움직임은 언제든 존재하기 마련임을 부자들은 항상 기억하고 있기 때문이다.

이런 가운데 우리는 오늘도 돈을 불리기 위해 고군분투하고 있고, 여기에는 크게 3가지 방법이 동원되는데 초등학생도 알 만한 내용들이다.

돈을 불리는 방법으로는 첫째, 예금이나 적금과 같이 은행에 저축을 하는 것이다.

저금리 시대라는 걸 고려하면 은행에 저축하는 방법은 가장 안전하다고 할 수 있으나 주식이나 부동산에 비하면 고수익을 기대하기란 불가능하다. 단순히 수익이 낮아서 그런 게 아니라 계속해서 수익이 낮아질 가능성이 매우 높다. 쉽게 말하면 은행의 예금 금리가 가파른 물가상승을 따라가지 못하여 결국에는 지출이 더 커져버리는 상황이 발생한다는 뜻이고, 이는 해를 넘길수록 물가 대비 '적자'임을 말한다.

돈을 불리는 두 번째 방법은 주식이나 펀드 혹은 비트코인 등에 투자를 한다.

주식이나 펀드 등은 잘 만하면 혹은 행운이 따르기만 한다면, 단기간에 고수익을 올릴 수 있는 장점이 있다. 그러나 그만큼 리스크가 매우 큰 편인데 이유인즉, '변수'가 상당히 많아서 원금보전이 안 되기 때문이다.

돈을 불리는 세 번째 방법으로는 부동산에 투자를 하는 것이다.

저성장, 저금리 시대에 접어든 만큼 요즘 사람들이 가장 관심을 두고 있는 분야는 부동산투자다. 어떤 투자든 위험성이 따르기 마련이지만 그중에서도 부동산은 리스크가 적고 높은 수익, 빠른 환금성을 기대할 수 있는 투자 방법이다.

부동산은 크게 차익형 부동산과 수익형 부동산이 있다. '차익형 부동산'은 아파트나 토지, 분양권 등 추후 매매를 통해 시세차익을 노리는 투자로 기회비용 대비 큰 수익을 기대할 수 있다. 그러나 수익을 실현하기까지 시간이 많이 필요한 투자 방법이다.

반면에 '수익형 부동산'은 레지던스, 오피스텔, 상가 등을 통해 임대료를 받기 위한 투자 방법으로 안정적인 월세 수익을 기대할 수 있다. 따라서 투자 위치에 따라 공실에 따른 임대수익 저하 리스크를 감안하여 좋은 투자처를 선별하는 것이 중요하다.

수익형 부동산에 대해 조금 더 얘기하면 상가, 오피스텔, 월세 아파트가 대표적인 수익형 부동산이다. 그 중 가장 보편적인 것이 상가인데, 공실 위험이 적고 수입이 안정적이라는 장점이 있다. 그중에서도 고객층이 탄탄한 아파트 내 상가를 선호한다. 생활밀착형 상권으로 손쉽게 창업이 가능하고 아파트 입주민이라는 고객층을 손쉽게 확보할 수 있다.

해가 갈수록 수익형 부동산은 투자자 연령층이 점점 젊어지고 있는 추세다. 투자금 자체가 소액으로 이루어지다 보니 젊은 투자자들이 수익형 부동산에 관심을 돌리고 있고, 이로 인해 차츰 수익형 부동산이라는 개념이 자리를 잡게 됐다.

아침에 출근하지 않아도 정해진 날이 되면 마법의 그날처럼 통장에 돈이 찍힌다. 가고 싶었던 유럽 여행을 떠나는 데 걸림돌이 없다. 물론 동전의 양면처럼 단점도 있다.

하지만 수익형 부동산에 대한 열기는 아무리 정부에서 강력 규제를 내놓아도 부동산을 사는 게 은행에 돈을 맡겨 놓는 것보단 훨씬 나을 것이라는 생각에 많은 이들이 여전히 투자하고 있다.

그들은 왜 수익형 부동산을 재테크 수단의 1순위로 여기는 걸까?

상가 입찰은 어떻게 참여해야 하고, 어떤 과정을 통해 진행되는지를 다음에서 살펴보도록 하자.

상가입찰,
어디까지 해봤니?

2016년 가장 뜨거웠던 날의 일이다. 아파트 상가 입찰일로 상가 개수는 1, 2층을 다 합쳐서 전체 30개 정도였으나 입찰 현장에 모인 사람들은 수백 명을 넘어섰다. 마치 전국의 투자자들이 모인 것 같은 진풍경이 일어난 것이다.

경찰이 입회한 가운데 추첨이 시작되자, 곳곳에서 희비가 엇갈린 탄성이 터져 나온다. 007 작전을 방불케 할 정도로 눈치작전이 치열하게 벌어지는 입찰 현장에서는 쉽게 들을 수 있는 소리들이다. 낙찰자는 오롯이 단 한 명에 불과할 뿐이지만 많은 사람들이 오롯이 낙찰을 받기 위해 갖가지 방법을 동원한다.

일반적으로 아파트 상가라고 하면 1층을 떠올리기 마련인데, 입지 측면에서 1층은 생활과 밀접한 업종이 들어오고 주민들의 꾸준한 이용으로 영업이 안정적이다. 여기서 '영업이 안정적'이라는 말은 구체적으로 월세가 꼬박꼬박 잘 나온다는 얘기와 일맥상통한다. 이게 바로 불안한 노후를 준비하는 사람들에게 인기가 있는 이유다.

특히 2010년 1차 베이비부머의 은퇴가 본격적으로 시작된 이래로 다양한 노후준비를 위한 방법이 제시됐지만 은퇴자 여건은 크게 나아지지 않았다. 지금까지도 중구난방식 대응책보다는 이들 역시 여러 시행착오를 겪고 수익형 부동산이 최고의 재테크 수단이라는 것을 받아들인 듯하다.

이런 점은 어느 지역이나 비슷하다. 상황이 이러하다 보니 그만큼 경쟁이 치열할 수밖에 없고 따라서 자연적으로 낙찰금액이 오르기 마련이다.

상가 입찰 이야기로 다시 돌아가 보자.

사실 상가의 경우 무조건 1층만을 고집할 것이 아니라 방향을 조금 틀면 다른 부분이 눈에 들어온다. 바로 상부 층! 2, 3층은 1층에 비해 입찰가 자체가 낮다. 물론 접근성이나 효용성 면에서는 뒤처지나, 수익률로 접근하면 1층보다 높은 곳이 있기도 하다. 물론 이런 경우는 많지 않지만 어쨌든 이런 기준을 토대로 '대형 아파트 단지' 내 소형 평수 비중이 높은 아파트 상가를 공략하는 게 바람직하다.

소형 평수 아파트에 거주하는 사람들의 분포를 생각해본 적이 없다면 오늘부터라도 자신이 살고 있는 아파트를 떠올려 보라. 한국에서는 유치원서부터 조기교육을 하는 상황이고 보니 아파트 단지에 학원 한두 군데는 기본적으로 들어서 있다. 그렇다면 그 학원의 수요층은 어디일까. 그리고 어떤 종류의 학원으로 자녀들을 보내는 걸까.

어렵게 생각하지 않아도 된다. 내 자녀의 어린 시절, 혹은 옆집 아이를 떠올려 보면 금세 답을 찾을 수 있다. 실제로 한 번쯤 아파트단지 한두 곳으로 가서 주변 상가를 훑어보는 현장답사를 하기를 바란다. 약속이라도 한 것처럼 피아노, 영어, 미술, 태권도, 독서학원 등의 간판이 보일 것이다.

나 역시 아이들이 어릴 때 아들은 태권도와 미술을, 딸은 피아노와 미술학원을 보냈다. 이처럼 대한민국 어느 도시를 가도 학원은 아파트 상가 상부층에 있다. 이제 무슨 말을 하려는지 감이 오는지 모르겠다. 얼마나 좋은 조건인가. 입찰가도 낮으면서 안정적으로 월세를 챙길 수 있으므로 하지 않을 이유가 없지 않은가. 과하지 않은, 적정선의 금액으로만 '낙찰'을 받을 수 있다면야 더 할 나위 없이 좋다고 할 수 있다. 계약하고 바로 매매도 가능하기 때문이다.

내가 상가에 투자할 때 2, 3층 상가는 입찰 참가자들이 없어서 미분양이 나오기도 했는데, 사실 그 당시만 해도 아파트 상가는 1층만 고집하는 사람들이 많았기 때문이었다. 그런 상황이 나에게

는 일종의 '기회'이자 '역량'을 펼칠 수 있는 장이나 마찬가지였
다. 그때 만해도 건설회사에서 수의계약도 가능한 시대였으니, 내
입장에서는 결코 놓치고 싶지 않았다.

1등만 살아남는 교육에서 벗어나지 못하고 틀에 박힌 방법으로
만 주입식 교육을 받아왔기 때문에 많은 사람들이 이런 생각을 쉽
게 하지 못했으리라. 하지만 아파트 입찰현장을 가보신 분들은 알
겠지만 입찰을 많이 다니다보면 입찰에 참가한 사람들의 성향이
보이기도 한다. 그 사람이 어떤 목적으로 입찰에 참여하였는지가
보인다는 말이다.

상가를 구입해서 세를 주려고 하는 것인지, 본인이 직접 장사
를 하려고 하는 사람인지 대충 가늠이 된다. 처음 한두 번은 분위
기에 얼어서 상가입찰 참가자들을 감히 분석을 하거나 살펴보기
힘들 수도 있겠지만, 차츰 횟수가 늘어나고 익숙해지면 비로소 눈
에 들어온다.

내가 참여했던 '2004년 김해지역 상가입찰'이 열리던 아파트
의 세대규모는 그리 크지 않은 700여 세대 단지였지만 소형평형
으로 주부들에게 인기 있는 아파트단지로 이미 분양을 마치고 프
리미엄까지 형성돼 있는 자리였다. 입찰 준비를 위해 수표도 준비
하고 머릿속에 입찰금액도 시나리오를 짜두었다.

가장 중요한 날은 예기치 않은 날씨였다. 봄이라는 계절에 맞지
않게 장대비가 쏟아진다. 마음까지 어수선해진다. 괜히 불안해지

기까지 한다. 우산까지 챙기려니 짐이 한 가득이어서 손을 놀리기에도 여간 불편한 게 아니다. 애써 좋은 생각만으로 집을 나섰다.

정면을 응시하고 입찰현장으로 들어서니 눈에 익은 사람들도 한자리를 차지하고 있는 게 들어왔다. 지금부터가 시작이다. 오늘 참석한 사람들을 보니 낙찰가율이 높을 것 같았다.

그렇지만 무리해서는 결코 안 된다. 용지를 내기까지 한 두 번이 아니라, 세 번 네 번 다시 본다. 사람의 심리다. 불안하고 초조한 심리가 그대로 드러나기 때문이리라.

오전에 투찰하고 오후에 발표가 나니 하루는 지옥과 천당을 오가는 심정이다. 점심시간이 돌아왔지만 목구멍에서는 음식을 받아들일 준비가 되어 있지 않다. 다들 그러하리라. 나는 간단하게 뭐라도 집어넣어야 할 것 같지만 영 내키지가 않아 생과일주스 한 잔으로 목을 축이고 발표가 나기를 기다렸다.

오늘을 위해 도둑고양이처럼 숨어서 현장을 얼마나 많이 엿보고 살폈던가. 누가 시켜서 했다면 결코 하지 못했을 일들을 신이 나서 해왔다. 새벽같이 일어나서 풀어헤친 머리를 하고 둘러보기도 하고 깜깜한 밤에 체육복차림으로 달려오기도 했다. 운이 좋은 날은 경비아저씨들 눈을 피해 가지만 어떤 날은 호되게 야단을 맞고 쫓겨나기 다반사였던 나날…. 그런 와중에 찾아낸 최선의 상가. 아직 주위에 상가가 형성되지 않았고 상가 개수도 많지 않아 장사하는 사람들에게는 좋은 자리였다. 따라서 임대인이 되어도 손색이 없을 것 같았다. 욕심이 났기에 입찰하기만을 손꼽아 기다렸던 자리다.

드디어 발표시간이 다가온다. 하나 둘 사람들이 모여들기 시작했다. 나 역시 메모지와 볼펜을 들고서 한쪽 모퉁이에 섰다. 기다린 시간이 무심할 정도로 1층 발표가 쏜살같이 지나가고 드디어 2층 발표가 시작된다. 여기저기서 함성이 터져 나온다.

"2층 ○호 입찰금액 ○○○만 원, 낙찰자 ○○○"

"다음 2층 ○○호"

발표하는 입찰관의 입에서 낯익은 이름이 귀에 들어온다. 낙찰이다. 고함을 지르면서 기쁨을 표현하고 싶지만 그냥 얼굴에 미소만 지으며 나왔는데, 그제야 배가 고파왔다. 따뜻한 욕조에 몸을 담그고 긴장했던 마음을 풀고 싶었지만 사무실에서 기다리는 사람들이 떠올랐기에 그냥 퇴근할 수가 없었다.

짜릿한 하루가 끝나고 해물탕으로 직원들과 근사한 축배를 들었다. 신도시가 형성되는 시기였으니 다음번 상가입찰은 어디로 정할까를 의논하면서 이른 저녁을 즐겼다. 그리고 다음번 입찰 상가를 점찍어 공부하고 조사하기로 하면서 '위하여'를 외쳤다.

다음 상가는 상가 개수가 많다는 점을 걱정한 투자자들이 겁을 먹고 입찰에 참여하지 않았다. 우리가 공략하는 2층 상가를 회사에서 수의계약으로 진행했고 그 덕분에 금액 또한 저렴해서 좋았다.

상가입찰의
기본

상가입찰은 다른 어떤 재테크 수단과 비교해도 수익률에서는 쳐지지 않는다. 그래서 나는 상가입찰에 더 매진했다. 입찰에 참여하기 위해서는 공부가 필요하다. 주변 단지 매매 시세나 임대 시세 정도는 완벽하게 파악하고 있어야 한다.

이외에도 입주민들의 성향이나, 예전 거주지 파악도 중요하고, 역으로 생활수준을 유추하고, 입주민들의 자녀 나이를 고려해 어떤 종류의 학원이 들어가야 되는지, 또 월세는 어느 정도가 적정선인지 명확한 근거를 정하는 데 '기준'이 된다.

입찰 공고가 나면 현장답사는 필수다. 현장답사의 중요성은 이

책의 첫 번째 장부터 여러 차례 강조해왔으나 이런저런 상황으로 투자자들이 간혹 놓치는 경우가 있는데, 절대 그래서는 안 된다. 특히나 상가 입찰은 입주 전에 진행하기 때문에 상가의 생김새를 보지 못할 때도 더러 있다. 이럴 경우에는 큰 낭패를 볼 수 있다. 현장답사를 하지 않고 입찰에 참여하면 생기는 일은 다음과 같다.

첫째, 경사진 곳을 찾기가 어렵다.

먼 거리에서 보는 땅들은 평평하고 반듯하게 보이지만 막상 안을 들여 다 보면 삐뚤어진 곳, 경사진 곳 등이 숨어 있다. 예부터 장사하는 집은 계단이 있으면 좋지 않다고 상인들이 꺼린다.

홍보용 카탈로그만 믿고 입찰에 참여해 기분 좋게 낙찰을 받았는데 막상 입주를 할 때 보니 계단이 하나 둘도 아닌 서너 개씩 올라가야 하는 상황이라면 어찌할 텐가?

그래도 계단은 좀 낫다.

둘째, 단지 내 조경수가 실제와 달라 문제가 될 수 있다.

누가 보아도 나무는 우람하고 시원해 보인다. 그렇지만 그 나무가 내 가게 앞에 떡하니 버티고 서 있어서 통행도 불편하고, 간판의 가시성도 떨어진다면 어찌할 것인가.

사소한 것 같지만 장사하는 입장에서는 고려해야 하는 사항이다.

투자가
투기가 되어서는 안 된다!

상가입찰을 하다보면 건축 얘기를 하지 않을 수가 없다. 좀 더 깊게 들어가자면, 여러분은 한 번쯤 건축을 하는 사람들이 어떤 이념을 가지고 건축을 하는지 생각해봐야 한다.

기본적으로 건축은 튼튼해야 한다. 20년, 30년 이상 살아도 비바람에 무너지지 않는 튼튼한 집을 짓는 것이 기본이자 핵심이다. 또 장사하는 사람은 어떠한가. 첫째, 나의 용도에 맞아야 한다. 물론 남들 눈에 잘 띄어야 하는 것도 중요하지만, 잘 띄는 상가를 구했다고 했을 때 그 다음은 '용도와 시설'이다.

가령 편의점의 경우를 살펴보자.

편의점은 알다시피 물건 진열 방식에 따라 동선이 결정된다. 점주는 물건 진열에 어려움이 없는 출입문 위치며, 기둥의 위치, 가게의 폭 등을 다양하게 생각한다. 그런데 막상 완공된 상가는 장사하는 사람들에게 최적화된 것이 아니라 '건축주의 입장에서 건축'된 것들이 많다.

나는 공인중개사다. 중개사의 입장에서 보면 건축하는 입장도, 장사하는 입장도 모두 눈에 들어온다. 당사자는 그것들을 모른다. 해서 막상 장사를 하겠다고 상가를 구했지만 내가 하려는 업종과 맞지 않아 시설을 하는 데 과다한 지출이 발생되기도 한다.

"언젠가 내가 건축을 하게 된다면 이런 소모전은 하지 않으리라."라고 생각을 하게 됐고, 이렇듯 모든 것이 유기적으로 이어져 있기에 이제는 무엇 하나를 떼어서 생각할 수 없다. 나 역시 일을 하기 전까지는 전혀 생각지 않았던 부분이다.

어쨌든 건축주의 입장에서 건축됐다는 것은 '팔기 편하게' 혹은 '잘 팔리도록' 건축되어 있다는 뜻이다. 완전히 나쁘다고만 할 수 없다. 건설회사에서는 분양만을 목표로 하기 때문에 상가에 어떤 업종이 들어오든 크게 관여하지 않는다.

하지만 우리는 다르다. 나는 공인중개사다. 우리가 공략하는 2층 상가는 일정 규모 이상의 면적과 기둥을 고려하여 철저하게 분석하고 또 분석해서 입찰에 참가한다. 그리고 낙찰이 되면 과도한 욕심은 부리지 않는다. 기대 수익을 정해두고 입찰에 참여하기 때문에 과도한 금액을 써내지도 않는다.

투자가 '투기'가 되어서는 안 된다.

항상 내 배만 불리고자 하면 안 된다. 내 뒤에 오는 누군가도 수익이 나야만 순환이 된다. 한동안 신도시 내의 아파트 입주가 많았기에 상가입찰은 좋은 투자로 꾸준하게 바람몰이가 가능했다. 상가 입찰공고가 붙게 되면 주위 부동산들은 늘 조언을 구한다는 명목으로 염탐하러 사무실을 찾았지만 철저하게 연구하고 공부하는 사람들을 따라올 수는 없었다. 아파트상가 입찰에서만큼은 누구보다도 연구하고 고민을 했었으니까.

많은 사람들이 운이 좋아 상가입찰에서 좋은 결과를 내는지 알고 있다. 그러나 어떤 일이든 그저 저절로 되는 것은 없다. 세상만사가 다 그러하다. 자신의 운의 흐름 속에서 '기회의 때'를 봐야만한다. 무조건 열심히만 하는 시대는 지나갔고, 당신이 오늘 하루를 바쁘게 보냈고 많은 사람들도 만났다 하더라도 준비되어 있지만 않다면 소용없다.

아무리 운과 기회가 오더라도 준비되어 있지 않으면 그 운과 기회를 알아채지 못하고 지나만 갈 것이다. 오늘처럼.

운이라는 것도 내가 철저하게 준비가 되어 있을 때 찾아오는 기회를 잘 잡는 것이라고 생각한다. 누구에게나 기회는 공정하게 주어진다. 다만 언제 오느냐에 차이가 있을 뿐이다. 기회가 왔을 때

잡을 수 있도록 공부하고 또 공부하자.

혼자서 하기 힘들다면 도와주겠다. 주저하지 말고 두드려라. 도처에 기회가 기다리고 있다. 기회를 잡는 자가 진정한 영웅이다.

상업지 중개란
무엇인가?

'삼천리 대한민국.'

애국가 중의 일부분처럼 땅은 유한하다. 그런데 땅이 늘어나기도 한다. 대표적인 예가 '새만금간척사업'으로 지금도 곳곳이 바다를 메워 육지로 탈바꿈이 된다. 바다가 땅이 되고 농사짓는 논이 신도시가 되고 산이 공단으로 변한다. 내가 살고 있는 김해는 빠른 시간 안에 여러 곳의 신도시가 조성되었다.

신도시가 형성되면 자연스럽게 유입인구도 늘어나고 아파트 단지도 상가도 학교도 들어선다. 몇 년 전부터는 '극장'이 신도시 분양상가 영입 1순위로 자리잡아가고 있다. 신도시 상가 흥행

보증수표로 멀티플렉스 영화관을 꼽고 있는 것이다. 그러다 보니 부동산업계에서는 영화관 입점 상가에 프리미엄이 따른다는 속설도 있다. 남녀노소를 가리지 않고 영화 마니아가 급증하는 데다, 미세먼지가 점점 심해지면서 실내의 한 공간에서 쇼핑·외식·문화·오락생활을 한 번에 즐기는 이른바 몰링malling족이 늘어나면서다.

멀티플렉스 영화관 유치경쟁은 신도시·택지지구 등 신흥상권에서 꽤나 치열하다. 신도시나 택지개발지구의 경우 대규모 개발이 완료가 되면 신혼부부 같은 비교적 젊은 부부 등 구매력이 높은 인구가 대거 유입되어 풍부한 고정 수요와 주변 배후 수요를 확보할 수 있어 영화관 입점 시 수요 확보가 손쉽기 때문이다. 이러한 현상은 지난 2014년 9·1 부동산 대책으로 서울지방 구분 없이 신도시나 택지지구가 희소성이 높아지면서 더욱 두드러지고 있다.

경남의 경우 부산 정관신도시 조은프라자(10~11층, CGV)의 경우도 100%에 가까운 분양률을 보였는데, 이들은 해당 신도시나 택지지구에서 최초로 영화관을 입점시켜서 톡톡히 선점효과를 본 셈이다.

하지만 그렇게 떠들썩하던 조은 디앤씨의 여파로 지금 부산과 경남 일대의 상가분양자들이 피눈물을 흘리고 있다. 이처럼 상가 투자는 곳곳에 암초가 도사리고 있다. 분양사무실 직원들의 말만을 곧이곧대로 믿어서는 안 되는 일들이 있다.

분양된 아파트 거래로 바쁘게 돌아가는 가운데, 당시 나는 부동산 사무실을 신도시 중심지에 오픈했고, 그런 와중에 상업지 매수 의뢰를 받았다. 신도시 중심에 있는 상업지에는 제일 먼저 '상가'부터 건축되는데, 이로 인해 지역 공인중개사들은 상업지 매매와 임대를 중개할 기회가 종종 있다.

상업지 소유자들은 법인이나 부자들인데, 법인은 해당부서의 담당자가 관리한다. 그런데 이때 담당자가 수시로 바뀐다는 것을 염두에 두어야 한다. 기껏 접촉해놓은 담당자가 부서가 바뀌거나 퇴사를 하게 되면 공들인 노력은 수포로 돌아간다. 즉 헛수고가 되는 일이 생긴다.

규칙적으로 그리고 진심을 다해 담당자 이직 여부를 체크하고 신경 써야 한다. 그들도 사람이라 인간적인 관계가 형성되면, 담당자가 바뀔 경우에도 후임자에게 진행 과정이나 다른 것들은 인계해 주기에 인간적인 친분이 중요하다.

그렇게 공들인 상업지 땅이 있었다. 매도하는 쪽도 매수하는 쪽도 모두 법인이었다. 매수는 지역 건설업체이고 담당자 또한 얼굴 정도는 익힌 사이로, 수월하게 의뢰를 받고 진행도 매끄러웠다.

문제는 매도였다. 매도 법인은 우리나라 굴지의 규모가 큰 회사였다. 신도시 조성공사를 하고 시로부터 공사대금으로 받은 땅(체비지)이었다. 신도시를 조성하게 되면 공사대금으로 땅을 받고 그 땅을 매각해서 공사대금을 충당하는 식이다. 채비지로 받은 땅이기에 상가를 건축할 마음은 없었던 것이다.

매도 타이밍만을 찾았지만 회사에서 보유한 땅은 한 필지가 아닌 세 필지였다. 한 필지씩 따로 매도를 한다면 어느 정도는 수월할 수 있지만 회사에서 원하는 조건은 달랐다. 한꺼번에 정리를 원했던 것이다. 매물의 덩치가 크다 보니 지방건설업체들은 엄두를 내지 못했다.

서울과 달리 지방은 큰 면적의 상가가 한꺼번에 분양되기는 힘들다. 한정적인 인구에, 유입이 빠른 것도 아니다. 흔히 서울 돈 다르고 지방 돈 다르다는 의미를 이 일을 하면 할수록 느낀다. "우물 안 개구리"라는 말이 세상의 이치처럼 느껴지는 것을 일을 하면서부터 실감한다. 사람은 아는 만큼 보이고 가진 만큼 보이는 것이라는 것을.

다시 상업지 중개 이야기로 돌아가면, 당시 매도 업체는 서울에 있었다. 서울의 업체와 조율을 위해서 전화로 할 수 있는 문제가 있고 얼굴을 보고 풀어야 하는 문제들이 있는데, 녹록치 않았다. 작은 땅 한 필지를 거래하는데도 이런저런 조건이 따르고 말들이 많은데 면적도 크고 필지도 여러 개가 되는 땅을 거래를 하려니 따져야 할 부분들이 수두룩했다.

서로가 양보라는 것이 힘들 때 중간자는 힘이 든다. 가령 아이와 아빠가 의견 충돌이 일어날 때 누가 가장 힘이 드는가. 또 시어머니와 며느리가 의견이 팽팽하게 맞설 때는 어떠한가를 생각해 보면 쉬이 이해가 된다.

세상 살아가는 이치가 상황에 따라서 대하는 사람이 다르고, 입장이 틀리고, 중간에 끼인 자가 늘 존재하다 보니 그 중간자가 어떠한 해결점을 가지고 접근하는지, 어떤 방법으로 실타래를 푸는지에 따라 일의 흐름이 매끄러워지기도 험해지기도 한다.

내 경우 우선 짚어야 할 것은 지목이 달랐고 이로 인한 고심이 컸다. 지목이 다른 것은 상가 건축을 완료했을 때 큰 영향을 미치는 게 이윤이다. 한 덩어리로 땅을 뭉쳐야 하는데 지목이 다르면 그렇게 할 수 없다. 하나로 건축을 해야 최대의 수익률을 올릴 수가 있는데 한 필지는 주차장 부지로 그 땅을 거치지 않고는 뒤에 놓인 두 땅은 효용적인 면에서 많이 떨어졌다. 설계도면을 이리저리 바꾸고 바꾸어도 도저히 답이 없었다.

하지만 어떻게 활용하면 되는지를 알고 있었기에 자신감을 바탕으로 전급傳給했고 거래를 성사시켰다.

제일 먼저, 매도인 회사에서는 이 문제를 정확하게 알고 있었기에 골칫거리로 생각하고 있었지만, 먼저 꺼내서 협상에서 우위에 있는 지위를 놓치고 싶지 않은 탓에 함구하고 다른 부분들만 부각을 시켰다.

그 다음 문제는 세금이었다. 양 당사자가 법인이어서 별 무리는 없었지만 덩치가 컸기에 팽팽하게 맞물렸다. 경비를 처리하는 문제 또한 늘 따라다닌다. 한 건의 거래를 위해 들이는 공력과 고충을 중개업자들이라면 누구나 알고 있을 것이다. 하지만 공든 탑이 무너지게 하는 걸 결코 볼 수가 없다.

그래서 중개를 할 땐, 우리는 늘 슈퍼 을이 된다. 매도나 매수에게 지은 죄가 있는 것도 아닌데 을의 입장에 놓여 양쪽 모두의 눈치를 보게 된다. 눈치를 주는 것도 아닌데, 어쩔 수가 없다. 그러나 거래가 성사가 되면 그 성취감만큼은 무엇과도 바꿀 수 없다.

이제 나는 어떻게 이 거래를 성사시킬 수 있었는지를 다양한 사례를 들면서 말하겠다.

악어와
악어새처럼

일반적으로 중개업소에서도 정해진 계약서가 있지만 보통, 큰 회사들은 법무팀이 따로 있어서 작은 계약을 제외하고는 그 서식에 따라줄 것을 요구한다. 한마디로 부동산 사무실을 못 믿는 것이다. 그래도 명색이 국가에서 주는 공인자격증인데도 신임하지 못하고 회사 소속 법무팀을 고집한다.

대한민국에서 인정해 주는 자격증이라는 건 누구나 알고 있지만 올바른 대접을 받는 것은 또 다른 문제다. 계약 협의를 위해 몇 번의 서울행이 이어졌고, 또 매수 회사에서는 새로운 조건을 하나씩 꺼내놓기 시작했다. 한꺼번에 조건을 제시하면 되는데 하나를 해결하면 다음 카드를 꺼내놓는다. 맥이 빠질 노릇이다. 겨우 문제를 해결하고 '이제는 다 됐겠지.' 하고 계약일 스케줄을 맞추는 데 다른 조건을 불쑥 내미는 것이다.

그렇다고 무시할 수는 없다. 조건이 맞아야 계약서에 도장을 찍을 수가 있는 것이니까.

하지만 대부분 지방업체들은 은행 대출이 생각처럼 녹녹하지 않다. 규모나 사업 실적이 은행에서 요구하는 수치에 미치지 못하기 때문인데, 지방 회사들은 바로 원청에서 공사를 수주하는 경우보다 보통 한 단계 거쳐 내려오는 하청으로 일을 받는 경우가 많아 실적이 제대로 평가되지 않는 실정이다. 은행에서 요구하는 실적과 차이가 날 수밖에 없는 시스템으로 굴러가고 있다는 말이다. 일반적인 일에서도 마찬가지다. 아무리 마음에 든다고 해도 돈이 마련되지 않고서는 계약이 진행될 수가 없다.

계약 전에 반드시 자금 보유를 체크하고 부족한 부분은 은행 대출을 꼭 대비해야 된다. 막상 계약을 하고 계약금을 지불했는데 생각한 만큼 대출이 나오지 않아 계약이 어그러지는 경우도 간간이 있기 때문이다.

그런 상황이 되면 그야말로 대략난감이다. 서로 난처하지 않을 수가 없다. 중개사들은 중간에서 또다시 죄인이 된다. 누구의 잘못도 아니고 대출이 적게 나와서인데도 불구하고 공인중개사는 마음이 무겁다.

개인들도 이럴진대 하물며 법인에서의 계약은 어떠하겠는가. 그렇다면 이런 일이 왜 일어나는 걸까?

다른 게 아니라 대출은 회사의 자존심이라고 생각해서, 드러내 놓고 얘기하지 않는 회사들이 많기 때문이다. 참으로 감정적인 부분이 아닐 수 없다. 처음엔 언제나 목이 뻣뻣한 매수자가 많으니까. 그래서 더 조심스럽게, 신중하게 일을 해야 한다.

내 경우, 계약에 따른 대부분의 문제를 조율하고 계약서에 도장을 찍기까지는 그래도 시간이 걸리고 협상에서 조금씩 양보를 유도하고 무리하지 않는 선에서 진행이 되었다. 힘들게 두어 달을 뛰어다니며 끌어낸 계약이지만 상업용지 토지 세 필지 동시 계약은 큰 성과였고 자신감이 생겼다. 계약을 하고도 알 수 없는 자신감이 몇 달간 지속되었다.

큰 필지의 계약이다 보니 잔금기일까지 걸리는 기간은 통상적으로 주어지는 한 달을 넘긴 두 달 정도로 잡았다. 그중에 매수인 회사는 대출 등 제반사항을 짚어봐야 하기 때문이다.

매수자 쪽은 바로 공사를 하고 상가 분양을 계획한 상태였기 때문에 하루라도 서둘러 일을 진행하기를 바랐다. 매수자도 지방에서는 아주 작은 규모의 회사가 아니었기에 설마 대출에 걸림돌이 있을 것이라고는 생각하지 않은 것이다.

지금은 항상 의뢰가 들어오면 회사 사정이나 자금 규모를 짚어보고 나름의 사전 정보를 가지고 만난다. 당시 우리는 마음만이 앞서서 일을 하기 일쑤였고 정에 끌려 일을 진행했다. 매수자 쪽 회사 담당자와 호형호제까지는 아니더라도 가까이 지냈고 그로부터 듣는 얘기로는 "회사는 탄탄하다."였다. 그것이 첫 번째 실수였던 것이다.

　사업은 반드시 사업가의 마인드가 필요하다. 알고 있는 것과 사업을 하는 것은 다르다는 것을 이제는 안다. 우리는 나름의 계획으로 분양에 대해 접근을 하고 거래를 성사시키는 목적을 위해 쉼 없이 달려가고 있는데, 맙소사! 다름 아닌 잔금기일이 다가오자 갑자기 '사정 이야기'를 하는 게 아닌가.

　얘기인즉 "대출금으로는 잔금을 맞추기 힘들다."는 것이다. 이런 일이 있을 수가 있는 것인지. 한두 푼도 아닌 금액이 계약금으로 지불이 된 상태인데. 되돌릴 수도 없었다. 아니 되돌려서는 안 된다. 적어도 계약을 파기한다고 해도 계약 해지에 대한 책임은 매수자 쪽에 있는 것이므로 고스란히 계약금을 날릴 생각이 아니라면 말이다.

　나는 착잡한 심정으로 다시 서울행을 택했다. 전화로는 잔금기일을 늦추기가 힘이 들었으므로 무턱대고라도 일단 사정부터 해 보는 수밖에는 없었다. 선택지가 없었다. 우여곡절 끝에 담당자를 만났지만 그도 담당일 뿐 결정권자인 오너가 아니었으므로 품의를 올려서 기다려 보는 방법밖에는 없었다.

　며칠을 기다리는 시간 내내 너무도 숨이 막혔다. 하지만 다시

한 번 말하건대 내게는 선택지가 없었다. 내가 감당할 수 있는 금액의 돈이 아니었기에 그저 기다릴 수밖에는 없었다.

매도자 쪽으로부터 양보를 받아내던 날은 계약을 체결한 날보다 더 기뻤다. 이제 우리가 해야 할 일은 잔금을 맞추는 일이었다. 우리는 이미 중개사의 입장보다는 함께 이 건축을 하지 않으면 안되는 '공생관계'에 접어들었다. 어떻게든 맞추어야 만했다. 그래야만 했고, 다른 선택지는 생각조차 하지 않았다.

돌이켜보면 김해·경남에 기반을 둔 지역경제를 위한 투자라는 생각을 가지고 비즈니스라기보다 서로 협력관계라는 생각이 컸기에 위기를 극복하고 거래를 성사시킬 수 있었던 게 아닌가 싶다. 비록 입장과 역할은 제각기 다르지만 서로가 협력관계임을 잊지 않았다는 뜻이다. 악어와 악어새의 공생관계처럼 말이다.

악어새는 악어의 이빨에 있는 기생충이나 고기 찌꺼기를 취하는 방식 악어는 청결을 제공받는다. 이로 인해 악어는 사람처럼 양치를 할 수 없음에도 불구하고 악어새의 도움을 받아 이빨이 썩지 않도록 관리를 하는 것이다.

공인중개사라면 본인의 이득만을 생각해서는 안 된다. 종류가 다른 생물이 서로에게 이익을 주며 함께 사는 공생관계를 유지하는 생물들처럼 서로 도움을 주면서 자신의 이익을 얻어 살아가야 한다.

매도자 측 업무를 담당했던 분과는 그가 퇴사를 했음에도 아직 가끔 안부를 묻는다. 인간적으로 만났고 나름대로 일을 진행하면서 작은 신뢰가 쌓였다고 생각한다. 그렇게 하나씩 나의 고객들을 만들어가고 있다.

사람을 만나고 사귀면서 자기 이익만을 고집한다면 내 주위에 얼마나 많은 사람들이 있을지를 생각해보라. 요즘에는 인맥관리나 인간관계의 중요성을 다룬 다양한 책들이 나오지만 사람을 만나고 인연을 쌓아가는 데는 책으로만 익힐 수 없는 것들이 있다. 진심을 다하여 사람을 만난다면 통하는 것이 있다.

조급하게 돈만 보거나 일의 결과만 생각하지 말고 마음을 먼저 나누는 것이 중요하다.

상가의 업종 특성을
파악해야 하는 이유

'잔금'이라는 말만 들어도 심장이 덜컥 내려앉고는 할 때의 일이다.

상가분양 잔금 기일이 가까워지고 있는데 도저히 잔금을 맞추기 힘든 상황에 처해 있었다. 계약부터 많은 애정을 쏟았던지라 여기서 멈출 수는 없었다. 설계도 의뢰를 했고, 건축할 시공업체도 내정한 상태라 발을 뺄 수 있는 상황은 더욱 아니었다.

그보다 잔금을 맞추지 못해 계약이 파기되었다는 말을 듣는 것은 자존심이 허락하지 않았다. 며칠 동안 머리를 쥐어뜯었지만 여기저기서 끌어들일 수 있는 돈도 한계가 있었다. 하는 수 없이 다양한 상가분양 경험이 있는 파트너에게 도움을 청했다.

그는 '선 분양'이 답이라며 구체적인 안을 짜기 시작했다. 하지만 안도감이 들기는커녕 더 두려웠다. 선 분양에 대해 아는 바가 없었기 때문에 어떤 방향으로 맞추어야 하는지, 개념을 잡기도 힘들었기 때문이다. 그렇다고 해서 바보처럼 넋을 놓고 파트너가 모든 걸 해결해 주기만을 바라고 있을 수는 없었다.

그때부터 선 분양을 공부하기 시작했는데, 상가는 그렇게 진행된다는 게 건설사들의 오래된 관행이라고는 하지만 토지 대금도 치르기 전에는 위험을 안고 있어서 쉽게 분양에 나서는 부동산은 흔치 않다. 모험을 해야만 했다. 때로는 더 나은 미래를 위해 뜻밖의 여정이나 무모한 도전도 필요하다.

우선 설계도면을 나름대로 그렸다. 건축도면을 볼 줄 알아서 긋는 게 아니라 분양이 잘 될 수 있도록 대략 땅 모양을 그리고 그 위에 하나씩 호실을 그렸다. 누가 봐도 어설픈 초등학생의 그림 같았다. 가로와 세로로 크기를 정하고 개수를 맞추고, 그림에 가까운 도면을 그었다. 상가의 최대 수익은 도면이 승부수였다. 도면을 얼마나 잘 그리느냐에 따라 금액에서 큰 차이가 난다.

1층에서 얼마나 쓸모 있는 상가가 나오느냐가 관건이다. 단순히 1층 이익이 최고라고 해서 상가투자에 성공을 보장하는 것은 아니라고 조언하는 사람들도 있지만, 이익적인 면에서는 그렇지 않다. 속된 말로 1층 상가에서 땅값의 70% 이상이 충족되어야 나머지 층에서 이익이 나온다. 이렇듯 1층 상가의 효용가치에 따라 관리업체의 운영 노하우, 입지에 따른 활성화 요소도 중요하게 작용되면서 사업 성패가 가름된다.

첫 번째 순서로 도면을 그렸으니 이제는 팔아야 한다. 선 분양이 시작되었다. 땅 계약 전부터 나름대로 '엠디 구성'을 위해 시장조사를 많이 했기에 주위에 입소문은 난 상태였다. 기본적인 투자자들은 포진되어 있었다. 신도시 중심의 역세권 상가이므로 누구나 탐을 내는 것은 두 말할 필요가 없었기에 땅 계약 때부터 경쟁이 심했다. 누구나 탐을 내는 입지였지만, 지목이 달라 콘셉트를 잡기 힘들었다.

우리는 며칠을 밤을 새어가며 제안서를 작성했다. 우리가 제안한 서류를 보고는 몇 군데서 손을 내밀기도 했지만, 부동산에도 상도는 있다. 우리가 계약한 법인과 얘기가 오고 간 상태였지만, 중개수수료를 더 챙겨준다는 유혹에도 흔들리지 않았다. 번복할 이유는 없었다. 뱉은 말이 있었고 뒤집고자 하는 마음은 없었다. 주사위는 던져졌다. 우리가 그린 도면으로 설계사무소와 확정 도면으로 수정을 해나가면서 가도면이 나왔다. 우리는 가도면을 들고 1층을 팔기 위해 투자자들을 만나기 시작했다.

아무리 투자자라고 해도 땅값도 치르지 않은 상태에서 상가를 팔기란 그리 쉬운 일은 아니므로 우선 가장 좋은 위치의 상가를 누구에게 줄 것인지 결정해야 했다. 당연히 너나없이 좋은 코너 자리를 원하는 상황이어서 쉽지 않았다. 열 번 좋은 매물로 돈을 벌었다고 해도 한번 잘못되면 투자자는 내 손을 떠난다.

투자자들끼리는 서로 가까운 경우가 많다. 유유상종이라고 돈을 벌어본 사람 주위에는 돈을 벌어본 사람들이 모인다. 지방이다 보니 동네 선후배가 많을 수밖에 없는 특색을 안고 있다.

그런 가운데 1층은 투자자들이 월세 수익을 얻기 위해서 하는 경우도 있지만, 시세차익이 목적인 사람도 있다. 시세차익을 가장 많이 보는 것이 코너 각지이므로, 누구나 코너 각지를 원하는 게 당연지사다. 나는 고민이 컸다.

투자자들 중에서 어떤 사람에게 가야 원활하게 마무리가 될까. 아이들 장난도 아니고, 이걸 가지고 뽑기를 할 수는 없지 않는가. 내가 처해 있는 난감한 상황이 보였는지 건설회사에서 넌지시 제안을 했다. 회사 거래처에서 투자를 하고 싶다고 하는데, 금액을 좀 더 낼 수 있으니 그곳이 어떻겠냐는 이야기였다. 건설회사 입장에서는 한 푼이라도 더 준다는 곳에 주는 것이 당연했다.

하지만 나는 마뜩치 않았다. 애써 손님을 맞추었는데 회사 이익만 보고 따라가는 게 싫었다. 이토록 애를 쓰는데 몰라주는 것 같기도 했고. 건설회사 입장은 충분히 알겠지만 그리 오랜 시간이 걸리지 않을 거라고 정중하게 사양하고 하나씩 하나씩 1층 상가들을 팔기 시작했다. 예상보다 시간이 오래 걸리지는 않았다. 잔금 일자는 양해를 구해서 조금 늦춰둔 상태였고 투자들도 수월하게 계약에 응해 주었다.

무슨 계약이든 통상 계약금은 매매 대금의 10%만으로 진행된다. 유동성이 있기는 하지만, 이 계약에서는 10%로 진행한다면 땅값 잔금을 맞출 수가 없었다. 1층 상가 전체 13개 호실을 다 팔아치웠다. 그것도 계약금을 50% 가까이 받으면서.

절반의 계약금을 받았다는 것은 이제 공사가 진행되지 않는다면 부도를 의미했다. 그렇다면 책임은 누구에게 있는 걸까. 물론 최종 책임이야 건설회사가 지겠지만 부동산중개업자도 사기에 해당한다. 없는 매물을 팔았으니 법적으로 책임을 져야만 했다. 참으로 간 큰 짓이었다. 관행이라는 명목 아래 큰일을 치른 것이다.

계약서에 명시는 했다. 분양금액과 계약금 지불내역에 건설회사 도장을 찍었지만 무릇 모든 계약서가 법적인 효력을 발휘하는 것은 아니다. 우여곡절 끝에 회사 계좌로 돈이 들어가긴 했지만 그렇게 잔금을 치르는 동안 속이 타들어갔다. 첫 고비는 넘긴 것이다.

하지만 그다음에 일어날 문제는 전혀 예상하지 못했으니 얼마나 어리석었는지를 그때는 몰랐다. 땅값을 치르고 법무사에서 등기를 접수하고 나니 하늘을 날 것 같았다. 더 이상 골칫거리는 없을 것이고 역세권이니 분명 분양은 대박이 날것이란 생각에 콧노래가 절로 나왔다.

그런 와중에 상가를 분양을 하려면 우선 네이밍을 해야 하니까 그럴듯한 이름으로 치장을 하기 위해 경쟁하듯이 아이디어를 냈다. 역세권을 강조하자는 사람, 신도시 내에서 가장 큰 면적이니 그걸 강조하자는 사람, 신도시의 첫 상가이니 그 점을 부각시키자는 의견, 저마다 자신의 생각이 옳다고 주장했다. 이름이 중요한 건 맞지만 욕심이 서로 앞서서 지나치게 신경을 세웠다. 이번에도 건설회사 회장님의 한마디에 모두가 팔을 내렸다.

"○○○. 내가 생각해둔 것이니 이걸로 하자."

참 어이없게도 그 한마디로 결정이 날 것을 왜 처음부터 하지 않고 기운을 빼는 건지 알 수 없는 사람이었다. 하나를 보면 열을 안다고 했는데 그동안 나는 사업 파트너의 내면까지 알려고 하지 않았었다. 모름지기 사업하는 사람 그 자체로 만 봤기에 사업가의 정신이라는 것을 생각해보지 않았다.

지금이라면 사업 파트너의 요모조모를 따지고 살폈겠지만 그 당시엔 일하는 것 자체의 성취감을 더 중요하게 생각했기에 일로만 평가했다. 이름도 정했으니, 이제는 홍보용 카탈로그를 만들면서 본격적인 분양 준비에 들어갔다.

2층부터는 투자자를 유치하는 게 결코 쉽지 않다. 전략적으로 고객을 유도할 수 있는 업종 등을 배치해 샤워효과나 분수효과를 늘리는 것을 확인할 수 있는 2층은, 누구나 할 수 있는 업종이 들어오기보다는 정해진 업종이 들어오기 때문에 상가를 보러오는 사람도 매매가 아닌 '임대'를 우선으로 하기 때문이다.

이때는 임대차를 맞추고 임대수익을 보면 역으로 매수자가 나타나기도 한다. 우리가 아파트 상가 상부 층을 공략한 기본 전략이다. 상부 층에 들어올 수 있는 엠디 구성을 위해선 상가 건축도면도 달라져야 한다. 그러니 엠디 구성이 얼마나 중요한지 알 것이다.

용도에 맞게 건축을 해야 팔 수도 있고 임대도 가능하다. 엠디 구성을 한 후 그에 맞는 마케팅을 해야 하는데, 지금은 누구나 SNS 마케팅을 하며 홍보 방법 또한 다양한 시대지만 당시만 해도 할 수 있는 것이라고 해봤자 문자를 보내는 정도에 불과했다. 순수하게 아날로그 방식으로는 홍보물을 우편으로 발송하는 것이 전부였다.

우리는 눈만 뜨면 '어디에 어떻게 홍보물을 보낼까'만 생각했다. 각 층수에 맞게 업종을 찾고, 그 업종을 홍보할 수 있는 곳에 홍보물을 보내야 하기 때문에 날마다 홍보물 작업을 했다. 봉투에 홍보물을 넣고 풀칠을 하고 주소를 쓰는 단순 업무가 가장 중요한 하루 일과였다. 그리고는 마냥 기다려야 한다. 기다림의 연속이다.

일방통행인 홍보를 하루도 거르지 않고 해야 만했다. 달리 다른 방법을 알았더라면 했겠지만 내가 아는 방식으로 최선을 다했다. 나름대로 엠디 구성은 알찼다. 2. 3층은 병원으로 구성을 잡았고 위에 두 개 층은 오피스텔, 골프 연습장, 피트니스센터까지. 자, 그러면 골프연습장을 위해서는 천정고가 일정 규모 이상 나와 줘야 하기 때문에 설계사와 논의를 해야 하고, 피트니스센터는 기둥이 어디에 어떻게 들어가는지가 확인해야 한다. 이 모든 것들을 배워가면서 하나씩 짜 맞추었다.

초보 공인중개사 시절만 하더라도 부동산중개와 건축설계는 별개로 봤다. 중개사는 중개만 잘 하면 된다고 생각을 했다. 단순 외도니까. 그런데 건축설계는 외도가 아니라 엄연히 중개사의 역할과도 같았다. 이런 일련의 과정은, "업종 특성을 파악해야만 최고의 입지를 선정을 할 수가 있다."는 것을 온몸으로 학습하는 또 하나의 기회였다.

다시 말해서 지금까지는 상가분양이라고 해도 간단하게 정해진 호실에 정해진 업종만을 설명하면 되었지만 이번만은 달랐다. 어떤 호실에 어떤 업종을 유치하는 것이 최상인지를 생각하고 체크를 해야 하니까 그만큼 세세하게 짚어야 할 것들이 많았다. 실무에서 배우게 되는 계기가 된 셈이다. 그리고 서서히 인간관계에 대한 여러 가지 생각이 들기 시작했는데, 그 내용은 다음 챕터에서 이어진다.

잔꾀를
부리는 사람들

상가분양을 하면서 사람에 대해 많은 생각이 들었다.

건설회사에는 여러 파트의 업무가 있고 업무를 담당하는 직원들이 있다. 그들도 서로 공생하는 동료이자 경쟁관계이다. 공을 차지하고자 하는 공명심은 누구나가 가지고 있다. 업무능력의 뛰어남을 가리는 게 아니라 눈치작전을 얼마나 잘 펼치느냐에 따라 살고 죽는 모습을 보게 된 계기였다.

조직생활을 해보지 않은 나로서는 이해하기 힘들었지만, 그들의 서사를 보면서 조직의 생리를 배워나갔다.

당시 내가 맡은 상가는 신도시 경전철 역세권 맨 앞자리로 별도의 주차장 부지를 안고 있어서 입지가 최고인 상가라고 칭송받을 만큼 인기가 좋았다. 주차장은 상가를 찾는 고객들 입장에서는 편리성을 높여주므로 자랑할 만한 것이라고 여겨졌다.

그러나 놓친 게 있다. 상가 주인 입장에서는 그리 달가운 것이 아니다. 아니나 다를까 이때부터 1층과 다른 층의 분양주들과 의견이 분분해지기 시작하면서 주차장 면적은 상가 평수에 따라 안분 계산하는 것이 좋다는 의견이 나왔다. 1층 상가를 먼저 팔았으니 상부 층은 당연하다고 생각을 할 것이라 여긴 것이 문제가 된 것이다.

상부 층 면적은 1층 상가 몇 배 이상 크기로 되어 있다. 하지만 분양금액은 1층의 절반에도 미치지 못한다. 자, 어떡하겠는가?

그렇다. 상가 분양대금보다 주차장 면적이 더 커지는 것이었다. 처음 예상과 달라지기 시작하면서 조율이 다시 필요했다. 어떻게 해야만 서로에게 최적의 조건이 될 것인지를, 또 한 번 머리를 굴리기 시작했다.

그러다 보니 어느 순간부터는 그렇게 좋아 보이던 주차장 부지가 애물단지로 보였다. 결국은 분양금액 대비로 계산을 하기로 하고, 1층 상가 분양자들과 조율하기 시작했다. 순탄치 않은 하루하루를 보냈다.

그런 와중에 병원을 콘셉트로 잡은 위치는 의사 한 사람이 개인 병원을 오픈한다고 계약이 이루어지면서 주위 선후배의 소개로 몇 개의 병원이 일사천리로 유치되었다. 병원으로서의 엠디 구성도 자연적으로 조화롭게 이루어지게 되었다. 그러자 약국은 서로 하겠다고 나섰다.

당시만 해도 의약분업이 시행되면서 약국은 병원 처방전이 많이 나오는 곳이 최고의 입지였다. 약국 자리는 상가마다 요지에 포진을 하지만 병원이 들어오지 않으면 약국 오픈이 어려운 상가도 있기 때문이다.

잔꾀를 부려 상가분양을 했다면 병원이 계약을 하게 될 즈음에 미리 약국을 협상을 했겠지만 오로지 상가분양이 성공적으로 마무리되길 바라고 시작한 일이었기에 그런 사소한 것에는 신경을 쓰지 않았다. 그렇게 했기에 계약한 의사들도 지금까지 좋은 투자자가 되어주고 있다. 돈을 좇아가는 것이 사람이라면 누구나 눈에 보이기 때문이다. 하나의 병원이 유치되기까지 엄청난 양의 홍보물을 각 종합병원 의사들에게 보냈다. 그 결과물이었다.

다음은 골프연습장과 피트니스 자리였다. 요즘은 골프를 즐기는 사람들의 수가 많아 대중운동처럼 되어 있지만, 불과 10여 전만 해도 골프는 아직 사치 운동이라는 선입견과 편견이 존재했다. 그런 상황에서 골프를 알아야만 했기에 용어조차 생소한 골프연습장을 답사하기 시작했다. 고백하건대, 그때만 해도 왜 천정고가 높아야 하는지도 몰랐다. 그 운동의 특성을 공부하고 나서야 알게 된 사실이다.

공짜로 이루어지는 것은 절대로 없다. 배워서 제대로 알아야만 상대에게 반박이라도 할 수 있다. 공사 기간은 일 년 가량이 소요됐고, 그 일 년의 기간은 내 중개업에 많은 기회를 주었고, 영향력을 미쳤고, 교훈을 주었다.

비즈니스뿐만이 아니라 인간관계에서 더 많은 것을 얻게 되었는데, 모름지기 사람 자체가 그 어떤 생명체보다도 다채로운 감정을 가지고 있고, 어떤 것보다 모순이 많으며, 대인관계가 비즈니스가 됐든 친구가 됐든 간에 무엇 하나라도 결핍되면 머지않아 마음 혹은 몸도 병들어버리는 가장 연약한 존재다.

그렇기 때문에 인간관계에서는 믿음이 정말로 중요하다. 마음대로 하라, 하든지 말든지, 어쭙잖은 신뢰니 믿음이니 이런 것에 부정적인 사람도 분명히 있을 것이다. 그렇게 해서까지 인생을 살아야 하나 싶을 수도 있다.

하지만 하루하루 살아갈수록 인간과계에 대한 자신의 믿음으로 이 세상을 버틸 수 있음을 나는 안다. 언제부터인가 내가 믿는 사람이 좀 흐트러진 모습을 보이거나 웃어넘기기 힘든 실수를 하더라도 분노보다는 왜 그런 일이 벌어졌는지 차분하게 자초지종부터 묻고 '함께' 해결책을 찾아보자고 내가 먼저 제안을 한다. 믿음이 있고 없고의 차이가 인간관계의 방향을 결정짓는 것이다.

우리는 사람이다. 사람이기에 인간관계를 맺고 믿음으로 대하여 그 삶을 영위해가는 것이다. 믿음을 저버린 사람과 '함께'라는 미래는 없다. 따라서 한 번의 믿음을 형성할 때 공들여서 쌓아야 만한다.

신라의 화랑도 정신에서도 신의는 중요한 덕목이다. 삼국 중에서 가장 열악한 환경에 놓여 있던 신라가 강성한 고구려와 백제를 제치고 살아남을 수 있었던 원동력이라 본다. 이익을 위해선 무시되기 십상인 이 가치가 사람으로 살아가는 밑바탕이라 생각한다.

돈만 쫓아가는 가벼운 사람은 되지 않기를 바란다. 이번 계약에서 돈만을 위해 처음의 약속을 어기고 다른 곳과 계약을 진행했다면 당장은 이익을 냈겠지만 살아오는 내내 마음은 편하지 않았을 것이다.

달면 삼키고 쓰면 뱉어내는 어리석음으로 세상을 살아가면 안 된다. 당장은 좋을지 모르겠지만 인생은 길다. 그 중심에 신의가 있음을 잊지 않아야 한다.

언제나
오르기만 하는 것은 없다

풍선효과라는 말이 있다. 어떤 부분에서 문제를 해결하면 또 다른 부분에서 새로운 문제가 발생하는 현상을 가리키는 말이다. 정부의 부동산 안정화 정책에서 보면 알 수 있다. 일례로 정부가 특정 지역의 부동산 과열 양상을 억제하기 위해 규제를 강화하면, 투기 수요가 이전되어 다른 지역의 부동산 가격 상승으로 이어지게 된다.

부동산 투기수요 억제를 위해 은행권에 대한 주택담보 대출규제를 강화할 경우, 대출 수요가 보험사와 저축은행 등 제 2금융권으로 몰리는 현상이 지속적으로 나타나게 된다. 이러한 일은 어제 오늘의 일이 아니며, 그해 여름에도 그러하였다.

2005년 그해 여름은 뜨겁게 못해 활활 타올랐다. 분양시장의 열기까지 더해져 여름 내내 밖으로 뛰어다니다 보니 기미가 더 까맣게 올라왔다. 자고 나면 모델하우스 오픈으로, 길 위에서 지냈다. 당시는 모델하우스 앞 공터가 사무실 대신으로, 간이 테이블과 의자를 두고 일을 했다. 그나마 부동산끼리 단합이 되어 텐트를 치기 시작한 건 2010년 즈음이다.

비가 오면 편의점 앞에 놓인 파라솔처럼 커다란 우산을 꽂고 일했다. 장마철이라 궂은 날씨를 감내해야 했고 폭우가 쏟아지면 접고 사무실로 들어갔지만 오락가락하는 비에는 사무실로 들어가는 대신 자리를 지켰다.

일반인들에게 비치는 우리들의 모습이 예뻐 보이지는 않았을 것은 당연하다. 일에 대한 열정 없이는 적응하기가 힘들었다. 자격증이 있고 번듯한 사무실이 있고, 모델하우스 오픈 때만 길거리로 나와 일한다는 스스로에 대한 위안마저 없었다면 견디기 힘들었을 것이다.

지금보다는 청약을 투자로 보는 사람들이 많지 않았다. 부동산 중에서도 분양권이 활황을 띠었으나, 분양권 청약에 대해 아는 사람도 많지 않았다. 집이 있는데 굳이 청약을 해야 한다, 라고 생각하는 사람도 적었다. 투자로 인식하는 사람들은 발 빠른 사람들로 소수였다.

모델하우스 오픈만 되면 분양은 100% 성공이었으므로 일하면서 신이 났다. 아무리 길거리 부랑자 같은 생활이 두어 달씩 이어져도, 거래량이 많아 돈이 벌렸기 때문에 어떤 불평이나 불만이 나오지 않았다. 거래가 성사되어 돈이 들어오는 재미가 있었기에, 하루 종일 명함을 뿌리고 손님들에게 시달려도 괜찮았다.

손님들 전화번호에 온갖 신경을 쏟아가며 일했다. 명단 유출 사건으로 인해 전화 작업은 더욱 조심스러웠지만(당시 김해에는 아파트 분양 계약자들의 명단 유출로 부동산들의 검찰조사가 진행중이었다.), 오히려 답답한 사무실을 지키는 대신 부동산 관계자들끼리 얼굴을 맞대고 서로 위로를 하며 걱정과 고민을 나눴다.

한 달 사이로 두 곳의 모델하우스가 오픈했다. 분양은 성공적이었다. 부동산들도 건설사의 좋은 고객이다. 부동산에서는 물건 확보를 위해 사무실 투자자나 주변의 사람들에게 매물 투자를 권하고 또 부동산 사무실에서도 분양을 받기도 한다. 경기가 좋거나 분양권의 거래가 활발할 때는 원활하게 돌아가는데 시장이 위축되면, 투자자나 부동산들은 고스란히 자금 압박을 받게 된다.

그해 여름 분양시장에서는 부동산들이 매물 확보를 위해 계약을 많이 했다. 건설사에게는 멋진 고객이 되었지만, 거래가 되지 않아 한동안 어려움을 겪는 사무실이 생겨난 해이기도 하다. 계약 당시에는 예측하지 못한 일이었다.

부동산이라고 항상 오르는 투자를 하는 것은 아니다.

지금의 진해는 행정구역이 창원으로 편입되었지만, 2005년에는 독립된 진해시였다. 바다를 내려다 볼 수 있는 위치이며, 1000세대가 넘는 대단지로, 진해시청 앞쪽으로 향후 가치를 높게 평가하는 곳이 분양에 들어갔다.

창원지방 건설업체로 낯설지 않았고, 친하게 지내던 지인이 모델하우스 앞에 사무실까지 구해놓아 함께 일하기로 했다. 소장님은 아내랑 같이 운영을 할 것이지만 아내는 전혀 부동산에 대해 모르고 또 예전부터 언니 동생으로 잘 지내왔기에 상생한다는 좋은 취지로 함께 일을 도모했다.

다른 부동산들은 길거리 부랑자 생활이지만 우리는 시원한 사무실에 앉아 일을 할 수 있어, 편하고 좋았다. 모델하우스가 오래 남아 있지는 않지만 모델하우스가 존치하는 동안은 고객들이 반드시 모델하우스를 둘러보기 때문에 일하기가 한결 수월하고 좋은 여건이 된다.

아파트 분양에는 시행사, 시공사, 분양대행사 등이 있다. 분양대행사는 건설사 소속이 아니라 건설사로부터 분양을 의뢰받아 마케팅과 컨설팅을 담당한다.

마침 이곳의 분양대행사는 사무실 파트너와 오래된 지인으로 후배였다. 부동산 입장에서는 분양에 관련된 누구라도 아는 사람이 많으면 일하기가 수월하다. 간단한 카탈로그라도 쉽게 구할 수가 있기 때문이다.

부동산은 카탈로그 한 장 편하게 받는 것이 큰 특혜다. 어떤 현장에서는 카탈로그가 귀해서 한 장 얻는 것도 눈치를 보며 얻어야 하기 때문이다. 이처럼 좋은 조건으로 일할 수 있는 현장은 드물다. 건설사의 배려도 한몫을 했다.

지금과는 달리 현장에서 직접 줄을 서서 접수해야 했다. 하루 종일 줄을 서야 한다. 물론 모델하우스 안은 에어컨도 나오고 앉을 수 있는 자리도 마련이 되어 있었다. 하지만 정해진 날짜에 한꺼번에 많은 사람들이 접수를 하니, 줄을 서야 하는 일은 불을 보듯 뻔했다. 당시엔 모델하우스를 중심으로 몇 바퀴씩 똬리를 틀듯 줄을 서는 것은 흔하게 볼 수 있는 풍경이었다.

보통의 건설사들은 밖에 사람이 줄을 서든 말든 통제를 하는 데만 신경을 쓰지 배려는 하지 않았다. 분양 대행을 맡은 후배는 사소한 것으로 사람들의 마음을 울리는 재주가 있었다. 더운 여름 날씨에 줄을 서서 기다리느라 지친 사람들 사이에서 불만의 소리가 흘러나오고 있을 때였다. 언제부터인지 뒤에서부터 아이스크림이 전달되기 시작했다. 건설사 후배가 줄을 서서 기다리고 있는 사람들을 위해 시원한 아이스크림을 나눠주고 있었던 것이다. 어쨌든 다를 그렇게 받아 든 아이스크림을 하나씩 물고 또 한나절 이상을 기다렸다.

온종일 접수를 하고 나니 어느새 여름날 해는 기울어 사방이 어둑어둑해지고 있었다. 여름은 해가 길다. 우리가 얼마나 오랜 시간을 줄에 매달려 있었는지 가늠은 되리라 본다.

접수가 이 모양이면 발표는 더 힘들 것이라는 걸 미루어 짐작할 수 있을 것이다. 지금이야 컴퓨터로 전산 추첨을 하지만 당시엔 하나하나 큰 통에서 당첨자의 동 호수를 불렀다. 시끄러우면 잘 들리지 않고 혼선이 생기므로 숨죽여 앉아서 이름이 불리는지 집중해야 했다. 한 손에는 볼펜과 메모지를, 한 손에는 접수증을 고이 접어서 보물처럼 모시고 앉아 있었다. 접수증을 잃어버리면 불편한 일이 생길 수 있기 때문에 당첨과 계약이 끝날 때까지 신줏단지처럼 모신다.

접수를 한 후에는 접수증을 가지고 갖가지 의식을 치르는 이들도 많았다. 교인들은 접수증을 가지고 교회로 가서 기도를 하고, 절에 다니는 이들은 부적을 올려놓고 절을 하고 오기도 하고, 저마다 당첨을 위해서 하는 의식 같은 것이 있었다.

접수가 끝나고 며칠간은 여유롭다. 추첨을 하는 날까지는 일주일 정도의 간격을 두기 때문에 일에서 손을 놓기보다는 기존의 고객들에게 투자 의사를 타진하기도 하고, 이미 다녀간 손님들을 다지기 위해서 상담을 굳히기도 하면서 빠르게 달려가기보다는 여유를 부리는 시간이다.

이때의 분양시장은 사두면 돈이 되는 시기였고 누구나가 손쉽게 투자를 하는 시기였기에 매도 물건만 확실하면 매수는 얼마든지 넘쳐나는 시장이었다. 이 지역 기존의 투자자도 많았지만, 외지에서 투자를 몰고 다니는 부동산들도 많았기에 너나 할 것 없이 매도 잡기에 혈안이 되어 있었다.

매도자와 친분이 없는 경우에는 한 푼이라도 더 주는 곳으로 발길을 돌리므로 한 사람의 매도자도 놓치지 않기 위해 부동산마다 무던히 애를 쓰게 된다. 그래서 같은 부동산끼리 싸움이 잦아지기도 하는데 약육강식의 세계가 잘 드러나는 곳이다.

이렇게 치열하게 쌓아 올린 거래가 차츰 무너지기 시작했다. 오르는 속도는 누구나 의식을 하는데 내려가는 것은 서서히 늪에 빠지듯이 움직이기 때문에 빨리 발을 빼는 것이 힘들다. '아차' 할 때는 이미 발을 빼기에 너무 늦은 것이다.

손님들은 돈을 벌 때는 자신들이 탁월한 선택을 한 때문이고, 돈을 잃을 때는 부동산을 잘못 만난 탓이라 단정 짓고 원망한다. 해서, 손해가 좀 나도 매도를 하라고 하지만 고집을 부리는 경우가 더 많다. 손가락 고름 하나가 손가락을 잘라 내야 하는 경우가 생기더라도 당시는 알지 못하기 때문이다.

화려한 프리미엄을 자랑하던 단지가 입주가 다가오자 매수자가 하나둘씩 이탈을 하고 금액도 자꾸 떨어지기 시작했다. 지방의 대형 평수는 매수자를 찾기 힘들어 금액이 더 떨어진다. 플러스 프리미엄이었던 것이 어느새 마이너스 프리미엄으로 전락했다. 큰 평형대를 보유하고 있는 사람들은 대부분이 투자 수요였다. 잔금을 치를 여력을 가지고 있는 이들이 많지 않았다. 거기다 한 사람이 여러 개의 매물을 보유하고 있었으므로 상황은 더 심각해져 갔다. 하나는 어찌해서 잔금을 치르고 전세를 준다 하더라도 나머지 것들이 문제가 되기 때문이다. 입주 지정기간이 다가올수록 여기저기서 아우성이 터져 나왔다.

진해는 군사도시이고 사람들의 수준도 그다지 높지 않은 소도시였기에 큰 평형대의 매물을 소진해낼 능력을 갖추지 못했다. 입주 지정 기간이 끝나고서는 중도금에 대해 이자가 연체로 진행되기 때문에 당장 매물 보유 고객들은 신용불량의 위기마저 안고 있었다.

일반 손님보다도 더 심각한 건 부동산이 보유하고 있는 매물이었다. 부동산을 운영하거나 부동산 관련 일을 하는 사람들도 중개를 하다가 좋은 매물을 보게 되면 자신들이 하나씩 계약을 하고 투자하는 경우가 많다. 입주보다는 순전히 투자의 개념이기 때문에 반드시 팔아야 된다.

잠깐 서울 얘기를 하자면, 현재 서울 부동산 최고의 시장, 헬리오시티가 화두에 오르고 있다. 최근 입주를 시작한 1만 가구에 달하는 헬리오시티는 분양 당시 송파구 '로또 청약'으로 불리며 부동산 시장에 광풍을 불러왔지만, 잔금을 치러야 하는 입주기간에 세입자를 구하려는 전세 매물만 가득한 채 빈집이 즐비한 상황이다.

시기가 좋아서 원활하게 거래가 될 때는 문제가 되지 않는데 하락기일 때는 이런 매물들이 더 금액을 떨어트리는 요인으로 작용한다. 너도 나도 팔아야 하기 때문에 걷잡을 수 없이 무너진다. 하루하루 이자에 이자가 붙어나가고 은행의 독촉에 시달리다 보면 사람들은 본전은 아예 생각하지도 하지 않고, 얼른 처분만 되기를 기다린다.

아무리 악조건을 내밀어도 매수가 유리한 쪽으로 성사가 된다. 위기가 기회가 된다. 현금을 보유하고 있는 사람들이 휘두를 수 있는 무기이다.

일반인들은 은행에서 전화 한두 통 받다 보면 진저리가 난다. 부동산업을 하는 우리도 은행에서 전화가 오고 건설회사에 독촉 전화를 받다 보면 정신이 까마득해진다.

입주 지정기간 내에 정리하지 못하고 자칫 연체라도 되면 신용불량의 늪으로 빠진다. 어서 빨리 정리가 되기만을 빌고 또 빌게되는 것이다. 나 역시 계약해 둔 매물을 정리해야 했기에 마음이 조여오기 시작했다.

매수 손님 전화 한 통 한 통에 매달리며 매물을 정리하기 위해 온통 신경을 곤두세웠다. 지불한 계약금과 이자까지 몽땅 손해를 보고 정리하면서도 은행에서 사인을 마치고 건설회사의 명의변경 후 돌아서는 발걸음은 날아갈 것 같았다. 십 년 묵은 체증을 겪어보지는 못 했지만 뭐라 표현할 수 없는 가벼움이었다.

돈을 잃어도 홀가분하다는 것을 경험해본 사람들은 알 것이다.

잃고도 기분 좋은 느낌. '다시는 이런 실수를 하지 않아야지.'라는 생각을 가슴에 새기면서 돌아왔다. 그렇게 좋은 시장이 하나씩 무너져 가는 것을 보면서 얼마나 공부하고 알아야 하는지 답답했다.

그나마 김해 시장은 조금은 나았다. 김해는 작은 중소기업이 많았고 젊은 층들이 많아서 매물 정리는 수월했다. 분양가보다 저렴한 가격으로 내 집 마련을 할 수 있기에 마이너스 매물은 소진되었다. 저렴한 금액으로 내 집 마련을 한다는 메리트로 부산이나 창원 등 인근 도시에서 이주 수요가 꾸준히 증가했기 때문에 다른 지역보다는 유리했다. 분양권 시장이 힘들어지자 다른 대체재에 손님들이 기웃거리기 시작했다.

풍선효과처럼 부동산투자는 언제나 돈이 되는 곳으로 사람들이 몰리고 움직인다. 즉 부동산은 살아서 움직이는 시장이다. 돈들이 어디로 어떻게 흘러가는지 유심히 살피고 또 살펴야 살아남을 수 있다. 정체되어 있어서는 돈을 벌 수 없으며 중개업을 유지하기도 힘들다. 늘 깨어있는 사람이 되어야 한다.

내가 살고 있는 곳이 변하지 않는다고 해서 이웃 도시도 조용한 것이 아니다. 이곳은 조용하지만 다른 곳 어딘가는 활기가 넘쳐서 움직일 수도 있기 때문에 항상 눈과 귀를 열고 있어야 하는 것이 부동산 중개업자가 갖추어야 할 태도다.

Chapter 4

성공과 실패는 한 끗 차이다

인연 없이는
아무것도 할 수 없다

"인간관계는 난로처럼 대해야 해요. 너무 가깝지도 너무 멀지도 않게."

혜민 스님이 말하는 인연과 인간관계에 대한 말이다. 15년 간 부동산업계에 몸담고 있으면서 가장 큰 깨우침이 있다면, 아마 그것이리라. 사실 우리는 사는 게 조금만 힘들면, 가족이든 친구든 내 주변에서 나의 가치를 알아봐주고, 애정 어린 관심으로 응원해주면 그저 그런 사람이 내 곁에 머물러 있다는 것만으로도 큰 용기를 얻게 된다.

우리의 가장 큰 스승은 책도, 부모님도, 멘토도 아니다. 사람들과의 관계 속에서 얻는 '배움'이 아닐까 싶다. 그런 의미에서 인연이란 감히 말하건대 내 의지와는 상관없이 어느 봄날 문득 휘날리는 꽃송이처럼 찾아오는 귀중한 선물이다.

과거 2003년만 해도 그런 생각은 하지 않았다. 정확히 말하자면 할 여유가 없었다고 하는 게 맞으리라. 그리고 곰곰이 생각해보면 인연에 얽매이기보다는 내 가족, 지인들만 알뜰살뜰 챙겼을 뿐 인연의 소중함을 가볍게 생각했다. 사회경험이 없다 보니, 초보 공인중개사로 이제 막 발을 내딛기 시작할 때도 역시나 하나부터 열까지, 모든 게 서툰 사회 초년생의 모습이었던 것이다. 심지어 '분양권'이 무슨 말인지도 모를 정도로 심각했다.

공급이 부족했던 당시에는 기존의 집값보다 분양금액이 저렴했기에 매력적인 상품이 아닐 수 없었다. 사실 분양권의 변천사를 보면 부동산의 흐름을 파악할 수 있고 부동산경기 예측에도 우선 반영되는데, 이 흐름은 의외로 단순하고 명확하다. 정부는 투기 조짐이 보이면 매매를 제한하고, 경기가 얼어 있을 땐 세제 혜택 등 다양한 정책도 펼친다. 그런 가운데 누군가는 분양권을 얻기 위해 고군분투하면서 눈치작전까지 펼치는 것이다.

분양권을 취득하기 위해 청약통장은 필수다. 청약제도는 점수평가로 무주택자들에게 유리하다. 무주택 가점제를 확대하여 기회의 폭을 넓혀 놓았다. 이를 악용해 투기로 변질되기도 한다. 분양권을 옷에 비유하면 '신상품'이다. 최신 트렌드가 반영되고 마법의 수납공간이 존재하고 최첨단 시스템과 디자인을 선보인다.

그래서 젊은 주부들에게 분양권은 끓어오르는 욕망이다. 주말이면 모델하우스는 두 손을 꼭 잡은 젊은 부부들로 넘쳐난다. 일요일이면 느지막이 일어나 모델하우스 구경을 하고 외식 후 돌아가는 신 풍속을 만들어 내기도 했다. 모델하우스 관람이 주말 일과에 결코 빠질 수 없는 하나가 된 것이다.

모델하우스가 오픈하면 한 쪽에서는 즐거운 일과가 되는 대신 다른 한 쪽은 빡빡한 일정에 사로잡히게 되는데, 실제로 부동산업계의 사람들은 모델하우스 일정에 모든 것을 맞춘다. 그곳은 제2의 사무실이다. 일명 '떴다'라고 불리며 모델하우스 앞에 이동식 텐트를 치고 영업을 한다. 우리 지역 부동산들만 나와서 앉아 있는 것이 아니었다. 전국 각지에서 부동산들이 몰려왔다. 전문적으로 분양권만을 취급하는 사람들은 전국 팔도를 돌아다녔다. 이른바 '외지 떴다'들이다.

그들이 모이는 모델하우스를 가리켜 시쳇말로 "장이 좋다."라는 표현을 한다. 그들은 막대한 자본을 가지고 움직이면서 초반 분양시장을 돈으로 흔든다. 그들이 매물의 거품만 가득 채워 넣고 하나 둘 사라져 버리면, 부풀어 오른 매물은 지역 시민들을 짓누르는 고통으로 남는다. 그렇게 돌고 도는 악순환이 시작된다.

이런 상황에서 나는 처음 텐트 생활에 적응하기까지 상당한 시간이 걸렸다. 하루 종일 밖에서 난전 생활이다. 일하기 전부터 도대체 거기서 뭐하려고 저러고 있는지 내 입장에서는 도저히 납

득이 안 되었다. 그러다가도 막상 내가 이러고 앉아 있자니 얼굴이 화끈거리기까지 했다. 그럼에도 불구하고 모델하우스에서 명함을 나눠주는 일은 꼭 해야 만했다. 초보자들이 거쳐 가야 하는 관문이기 때문이다. '아는 사람이라도 만나면 어쩌지.' 하는 두려움 속에서 직접 사람들에게 명함을 나누어주고 전화번호를 묻고 체크하고 팔 사람과 살 사람들을 조율해야 만했다. 한 사람이라도 더 많은 사람들에게 명함을 나누어줘야 고객을 확보할 수 있기 때문이다.

지금은 아르바이트를 고용하지만 당시에는 보통 공인중개사가 직접 했다. 전화번호 하나로 영업을 하고 매물을 확보하다 보니 전화번호에 온 신경을 곤두세우지 않을 수 없다. 모델하우스에 오는 한 사람도 거르지 않고 명함을 손에 쥐여 준다. 한 사람의 고객이라도 더 끌어 모으기 위해 피가 마르는 전쟁이 시작된 것이다. 운이 좋으면 자리에서 바로 거래가 되기도 했는데, 최소한 몇 백에서 몇 천까지 고객 이익은 우리 손을 거쳐서 탄생했다.

여느 때처럼 명함을 나눠주고 있을 때였다. 웬 작업복 차림의 노인이 다가왔는데, 그분의 몸에서는 역겨운 냄새로 인해 차마 곁에 서 있는 것도 힘들었다. 작업화에는 알 수 없는 오물로 덮여 있고 그분의 손마디는 굵어 누가 보아도 집을 살 만큼 돈이 있어 보이지 않았다.

다른 부동산 모두 자리를 피했지만 친정아버지 생각에 숨을 참

아가며 인사를 건넸다. 행색이 아무리 초라해도 절대로 무시해서
는 안 된다는 마음으로 의자를 권하니 노인이 엉거주춤 걸터앉으
면서 푸념 섞인 말을 뱉었다.

"돼지 밥 주고 급하게 나오느라 못 씻고 왔네요. 냄새가 나서
어째?"

얼마나 급했으면 그랬을까 싶어서, 나도 모르게 얼굴에 미소를
지으며 답했다.

"아유 괜찮습니다. 어떤 걸 도와드릴까요?"

미안한 듯 옷을 털고 있던 노인이 말을 이었다.

"며느리가 요즘 애들 같지 않고 착해서 좋은 집을 사 주고 싶은
데 뭐가 좋을까요?"

며느리에 대한 애정이 각별해 보였는데, 김해는 도농복합도시
이기에 면 단위의 농촌이 상당한 면적을 차지하고 있다. 어른들은
대개 트럭을 타고 오거나 오토바이를 타고 구경을 오지만 수십 억
대의 자산가인 경우가 많다. 자신의 집이 아닌 아들 며느리가 살
집을 마련해 주려고 오는 경우다.

햇볕 잘 드는 남향의 로열층으로 골라 드리자, 노인은 매우 만
족해 하시고 그 자리에서 계약을 했다. 잔금을 치르는 날 "애썼어
요."라는 말과 함께 봉투를 받았다. 수수료 봉투는 두툼했다.

시간이 지나 입주 때가 되어 다시 그 노인을 만났다. 그 후에도
몇 번의 방문이 있었고 현재까지도 친분을 유지하고 있다. 그곳은
현재 김해의 랜드마크로 대표적인 곳이고 자고 일어나면 값이 뛰

는 곳으로 유명하다.

우연한 기회에 만나게 된 고객과의 관계가 오래도록 유지되는 경우가 있다. 겉모습으로 상대를 판단하지 말라는 아버지의 말씀 덕일지도 모른다. 필자의 이런 가치관이 상대에게 전해지곤 한다. 불기이회不期而會라는 말이 있다. 뜻하지 아니한 때에 우연히 서로 만난다는 뜻이다. 나는 이 말을 여전히 믿고 있고 실제로 우연한 만남이 10여 년의 인연으로 이어짐을 경험했다.

인연은 다른 연결 고리를 만들기도 한다. 한 통의 전화로 고객이 되기도 하고, 한 번의 만남이 여러 건의 소개를 만들어 주기도 한다. 자신만의 처세술이 빛을 발하는 순간이다. 그렇게 돈은 우연한 인연에서 싹트기도 한다. 평소 관계를 소홀히 하지 않아서 오는 복이라 생각한다. 고객도 마찬가지일 것이다. 서로 인연을 소홀히 생각하지 않았기에 다시 찾아오는 거라 생각한다.

보통 사람들은 '인연'이라고 하면 사람과의 인연만을 생각하는데, 예상치 못하는 인연이 돈을 만들어 주기도 한다. 돈과의 인연으로 연결해 주는 내가 매개체로 있고, 소중한 인연을 돈으로 만들어 주고 싶은 것이 내 욕망이다. 그게 16년째 이 자리를 지켜오고 있는 이유다.

이런 말이 있다. "길가의 돌도 연분이 있어야 찬다." 아무리 하찮은 일이라도 인연이 있어야 이루어질 수 있음을 비유적으로 이르는 말이다.

우리가 매일 가는 출근길에도 보물처럼 인연이 숨어 있고, 우연히 읽은 책 한 권으로도 인연이 만들어진다. 사람과의 관계를 어떻게 바라보느냐에 따라 소중한 인연이 될 수도 있고, 바람처럼 날릴 수도 있다. 같은 환경과 상황에서도 인연을 만들어 벗이 될 수 있고, 휑하게 비껴가며 남이 될 수도 있다.

만남을 소중하게 생각하면 인연은 자신의 보물이 된다. 보물이 돈으로 바뀌는 것은 시간에 달렸다. 주어진 시간 동안 작은 인연을 모으는 것이 세상에서 제일 가치 있는 투자일 것이다.

바람에 흔들려도 괜찮아요,
다만 종목선택은 신중하게

내가 살고 있는 곳은 도농복합도시다. 이곳은 학교에 다닐 때 사회시간에 배운 넓은 김해평야가 있는, 절대 농지로 이루어진 곳이다. 가을 추수가 끝나면 이웃들은 친정이나 시댁에서 가져오는 햅쌀을 자랑하며 논이 몇 평이니 과수원이 얼마이니 자랑삼아 늘어놓지만, 나는 논 한 평 가지고 있지 않은 소시민이다.

자랑할 수 있는 땅 한 평이 나는 없다. 시댁도 친정도 논 한 평 없으니 쌀은 당연히 마트에서 산다. 분가하기 전까지 가마니에 담긴 쌀은 구경해보지 못했다. 부동산 일을 하면서 농사를 짓지 않아도 논을 가질 수 있다는 것을 알았다.

부동산시장에서 영원한 상승이란 건 없다. 올라갈 때가 있으면 내려갈 때가 있다. 상가가 활발하게 거래가 될 때도 있고, 아파트가 움직일 때도 있다. 모두가 한꺼번에 움직이지는 않는다.

분양권 시장이 내리막으로 치닫자 논이나 답 등 토지시장이 움직이기 시작했다. 돈은 늘 새로운 투자처를 찾아서 살아 움직인다. 자본주의 사회에서는 생명과도 같은 돈이기에 돈이 되는 곳을 쫓아간다.

남들보다 한 발, 아니 반걸음만 앞서가도 돈을 벌 수가 있다. 무작정 빨리 간다고 해서 좋은 것은 아니다. 그러다 보면 기다려야 하기 때문에 쉽게 지친다. 많은 자본을 가지고 있다면 빨리 가서 기다리면 좋겠지만 대다수 일반인은 그럴 수 없다. 가지고 있는 돈, 자본금에 한계가 있다.

무한대의 돈을 가지고 있다면야 애써 공부할 필요도 없고, 이런 눈치 저런 눈치 보지 않고 사서 던져놓고 기다리면 된다.

하지만 우리는 그렇게 할 수가 없지 않은가. 그래서 우리는 공부를 해야 하고, 투자에 앞서 가장 먼저 선택해야 하는 것이 있음을 알아야 한다. 주식도 그렇지 않은가. 우선 종목을 선택해야 다음으로 넘어가 또 다른 것을 선택할 수가 있다.

모든 투자에는 타이밍이 있다. 이제껏 잘 돌아가던 분양권시장이 고개를 숙였다고 치자. 그렇다면 다음은 어떤 종목을 선택해야 할까 다시 고민해야 한다. 예전에는 돈을 벌려면 나라에서 하지 말라는 것만 골라서 하면 돈이 된다던 시절이 있었다. 그런데 이 제는 나라에서 하지 말라는 것은 하면 안 된다, 절대로.

정부의 정책이나 규제가 강력하기 때문에 규제가 있는 곳에 투자하면 장시간 힘들어진다. 언젠가는 오르겠지만 적은 금액으로 투자해서 수익을 내야 하는 우리들은 눈치껏 잘 해야 돈을 벌 수 있다.

지금까지 정부는 국토의 균형발전을 내세워 전국 곳곳의 땅값들은 개발이라는 이름으로 올려놓았다. 곳곳에 신도시이며 정부기관들을 이전하고 개발함으로써 전국의 땅값이 요동쳤다. 내가 살고 있는 김해도 다르지 않았다.

정부에서는 신공항이란 이름으로 경상남도 일대의 땅값을 쑤셔놓았다. 대체부지로 유력한 곳은 말할 것도 없고 인근 토지도 덩달아 춤을 추었다. 자고 일어나면 땅값이 올라 있고 어제 나온 매물들은 오늘이면 자취를 감추었다. 매수는 물밀듯 밀려드는데 매도는 꿈쩍도 하지 않는다. 팔려고 내놓은 땅들은 자식들끼리 불협화음으로 빨리 처분을 해야 한다든지 급한 사정이 생긴 사람들 외에는 찾기가 힘들었다.

불행 중 다행인 건, 부동산에게는 저마다 고정 손님들, 즉 나만 믿고 따라오는 투자자들이 있다는 사실이다. 얼마나 많은 투자자를 보유하고 있느냐에 따라 사무실 유지나 성공이 결정되기도 한다. 사무실을 찾아오는 일반 고객들보다도 기존 투자자 그룹을 보유하고 있는 부동산은 일하는 데 항상 우월한 입지를 가진다. 투자자들이 매수한 부동산은 언젠가는 팔 것이고 다시 투자할 곳을 찾아 나서니 고정 고객이 확보되어 있다.

자고 나면 오르는 땅값 때문에 출근을 할 때도 현지에 둘렀다가 사무실로 들어오는 날들이 많아졌다. 투자자들이 돈을 벌어야 나도 함께 돈을 벌 수 있기 때문에 어떤 지역을 선별해야 할지부터 고민하고, 일단 지역이 선정되면 그때부터는 매물을 찾아 나선다.

김해는 김해를 둘러싼 다른 지역보다는 상대적으로 땅값이 비싼 지역이다 보니, 김해와 인접한 넓은 논들로 둘러싸인 밀양, 창녕 등이 좋은 투자처로 떠오르기 시작했다.

거리도 김해에서 멀지 않고 넓은 뜰을 품고 있어서 뻗어나가기에는 안성맞춤이었다. 우리가 낙점한 곳은 남지, 창녕, 밀양의 뜰을 겨냥해 투자자들과 함께 움직였다. 분양권에 비해서 논은 크게 신경 쓸 일이 없다. 경계나 구획은 논두렁을 살펴보면 대충 알 수 있다.

땅을 보러 다닐 때는 겨울인데다 한창 추수가 끝난 다음이라 경계도 명확했다. 추수가 끝난 논은 아무것도 남아 있지 않은 상태라 확인할 것도 없다. 경작 중인 벼에 대해서도 분쟁이 생길 게 하나도 없다.

등기부 등 권리관계도 비교적 간단하다. 당시 논은 은행에서 대출을 많이 해 주지 않을 뿐더러 어른들은 대출을 경계해서 담보대출을 받느니 차라리 팔아서 자식들에게 건네주기 때문에 '상속'에 관한 것만 신경 쓰면 된다. 이때는 부모님이 돌아가셔도 상속

등기를 하지 않고 팔 때만 정리하면 되기 때문에 그 부분만 확인하면 그만이다.

당시에는 정말이지 자고 나면 천 원씩 이천 원씩 오르는 땅값 때문에 그날 본 땅은 당일에 계약이 되는 것이 원칙처럼 됐는데, 사실 처음에는 천 원 이천 원을 그다지 대수롭지 않게 생각하였다. 그런데 땅은, 특히 논은 면적이 크다. 집을 짓는 대지는 백 평 남짓으로 커봐야 이백 평이지만 논은 기본적으로 천 평 가까이 되는 것들이 많다.

경지정리라고 해서 반듯하게 정리해 놓은 논 천 평에 천 원 오르면, 결국에는 백만 원이 오른다. 농사를 짓는 사람들 입장에서 백만 원이면 쌀을 몇 가마니 팔아야 되는지 계산을 한다. 그들에게는 적지 않은 금액이다. 해서 하루만 생각하고 다음날 온다는 것은 계약할 의사가 없다는 것으로 간주될 뿐 아니라 수많은 매수자들이 달려들기 때문에 팔려고 마음먹은 매도자들이 여기저기 부동산에서 손님을 안내하기에 먼저 돈이 들어오는 사람이 새로운 주인이 되었다.

크게 살 마음이 없어도 팔렸다는 소리를 듣게 되면 마치 미리 사지 않은 내가 바보처럼 느껴지기 때문에 다음에는 그보다 못한 것이 나와도 사지 않으면 안 될 것이라는 판단에 계약이 쉽게 성사된다. 이게 사람들 심리다.

논을 안내하다 보면 여기저기 논두렁에 삼삼오오 서 있는 사람들과 마주친다. 매수자들은 하나의 땅만을 보지 않는다. 여러 곳을 비교해서 보기 때문에 분명히 주위 논두렁에 서 있다면 내가 안내한 곳을 다음 차선으로 안내한다는 것쯤은 알고 있다.

매도자 역시도 한 곳에만 매물을 내놓지 않는다. 한 곳에만 내놓았다 하더라도 온 동네 부동산이 함께 공유하는 시스템이기에 누구나 아는 매물이다. 내 손님이 여기서 계약이 되지 않는다 해도 저기서 보고 있는 손님이 계약이 될 것이다. 해서 계약 전에는 반드시 주인에게 계약금을 받았는지를 확인해야 한다.

어떤 경우는 아내와 통화를 하니 계약금을 받지 않았다고 하여 송금을 했는데 남편이 송금을 받아서 계약이 벌써 체결된 경우가 있었다. 서로 큰소리가 오고 가지만 은행 입금시간을 확인하고 쌍방 간의 문제를 조정하기도 한다. 매수자들은 분명히 송금했다고 한 치도 양보를 하지 않기 때문에 고의는 아니지만 부동산중개 과실이라고 따져들기 때문에 송금시간을 확인을 하는 경우가 빈번하다.

이렇듯 바람이라는 무서운 존재가 투자에서는 존재한다. 주식에서도 작전주라는 것이 있지 않은가.

정권 내내 전국의 땅값이 요동쳤다. 아무리 대책이라는 것이 발표되어도 한번 불이 붙기 시작한 논 바람은 좀처럼 사그라지는 법이 없고, 이곳이 끝나면 다음 저곳으로 옮겨갈 뿐이다.

지방에서 돈을 좀 만진 사람들은 정부공공청사 이전기관이 들어서는 도시로 원정투자에 나서기 시작했다. 삼삼오오 짝을 지어서 큰 덩어리의 토지에 공동투자로 함께 했다.

하지만 투자 경험상 내가 관리하고 있지 않은 지역에 투자를 해서는 지역 사정이나 돌아가는 상황을 즉각적으로 파악하기 힘들다는 것을 알고 있었다. 처음에는 많은 유혹이 있었고 가고 싶은 마음으로 현장조사를 몇 차례 다녀오기도 했지만 이내 마음을 접었다.

자고로 투자는 미래에 대한 그림을 그릴 줄 알아야 한다. 한데 그때는 미래 그림을 제대로 그릴 수 있는 경지가 아니었다. 그냥 휑하기만 하고 어찌 보면 내가 살고 있는 곳보다 못한 것 같았는데, 미래에 대한 그림을 그릴 줄도 볼 줄도 몰랐으니 당연한 결과다. 그냥 내가 살고 있는 곳에서도 투자할 곳이 지천으로 널려 있는데 굳이 낯설고 물 설은 곳에 투자자들을 데리고 갈 자신이 없었던 것이다.

'잘 되면 내 탓, 안 되면 남 탓'이다. 잘된다면 본인들의 현명한 선택이라 할 것이고 반대로 안 되면 모두가 내 탓으로 돌아올 것인데 하는 마음이 들기도 했다. 해서 당시에는 그냥 우물 안 개구리가 되기로 마음을 달리 먹었는데, 그렇게 생각하니 한결 편안해졌고 그 어떤 바람에도 흔들리지 않게 됐다.

누구나 사람은 자기가 내린 결정에 대해서 잘한 선택이라고 믿는다고 한다. 이른바 '자기 선언 효과'라는 것이다. 나 역시 내가 한 선택이 최고이고 최선이라는 믿음이 굳어졌다. 더 열심히 손님들에게 주위 토지에 대해서 강하게 추천하고 투자를 권유했다. 다만 중개업을 하면서 주위 사람들에게 무리한 투자를 권유하지는 않았다. 본인들의 자금 사정에 맞추어 투자를 권유했고 개개인의 사정들을 미리 상담을 하면서 체크를 했기에 무리한 투자는 단한 번도 없었다. 그러다 보니, 나름대로 신뢰하면서 따르는 나만의 손님들이 생겨났고 나의 이런 성격으로 한번 맺은 고객은 오래도록 유지가 되어서 다른 투자처가 나올 때마다 믿고 따라주었다.

이렇듯 어느 한 곳의 투자가 막히면 다른 곳으로 새는 풍선효과가 부동산에서는 극명하게 드러난다. 다양한 각도로 부동산을 공부해야 하고 어느 한 곳만 바라보고 있어서는 안 된다. 설령 이곳에서 손해를 봤다면 다른 곳에서 만회를 할 수 있는 것 또한 부동산이다. 결코 쉬운 길은 아니다. 변화하는 정책이나 규제 방향 트렌드를 읽을 줄 아는 눈을 키워나가야 살아남을 수가 있다.

요즘은 자격증 하나로 부동산을 해서는 먹고살기가 힘들다. 일반 투자자들도 웬만한 부동산 전문가보다 높은 지식이나 경험을 가지고 있는 사람들이 많아졌다. 언제나 깨어 있어야 내 몫을 해낼 수가 있다.

깨어 있는 사람이 되려면 순간순간을 허투루 보내서는 안 된다. 지금이 모여 하루가 되고, 하루가 모여 나의 인생이 된다. 흘려보낸 어제가 내 인생이다. 나 역시도 계획을 세울 때는 항상 언제부터 시작한다고 명시한다. 주로 새해의 신년계획을 세울 때 1

월 1일을 중심으로 설계하지만 12월 31일도 **빼놓을** 수 없는 나의 인생이다.

어느 유명강사의 말을 자주 떠올린다. "자신만의 1월 1일을 만들라." 인생에서 처음 시작하는 날, 다이어트가 되었건 영어공부가 되었건 1월 1일을 기다리지 말고 지금 나의 1월 1일을 삼아 시작하라고 했던 말을 분명하게 기억한다.

우리 모두 나만의 1월 1일은 만드는 하루를 시작하는 건 어떨까 싶다. 어쩌면 그 시작이 온갖 바람을 막아주는 방파제가 될 지도 모른다.

개발,
부동산의 꽃인가?

'부동산의 꽃은 개발'이라는 말이 있다.

공인중개사 수업을 들을 때 강사들이 자주 하는 말이다. 수강생들이 수업을 받느라 지쳐 힘들어 하는 기색이 보일라치면 이런 말을 했다. 아마도 자극을 주기 위한 것이리라. 정확히 무슨 뜻인지 잘 알지는 못했지만 막연하게나마 돈을 벌 수 있다는 생각이 들었고, 기회가 된다면 언젠가 꼭 해보겠노라고 결심했다. 더 열심히 공부하게 되는 원동력이 되기도 했던 '개발'이라는 말, 차후 공인중개사가 되면 내 주력 분야로 삼아도 좋을 법했다.

실제로 공인중개사 업무를 하다보면 점차 각자의 주력 분야가 생기는데, 분양권만을 취급하는 부동산, 토지만 거래하는 부동산 등 나름의 특색을 가지고 운영한다. 여자 소장들은 주로 아파트 단지에 있어서 매매나 전세 등 아파트 중개를 하게 되고 신도시 경우는 입주하기 전 아파트 분양권이 많으므로 분양권을 주력으로 하고 상업지 내에 자리한 곳들은 상가에 중점을 둔다.

이처럼 공부할 때는 모든 걸 다루지만 일하면서 자연히 전문분야가 생기게 되는데, 여러 사람이 함께 운용되는 사무실에서는 아예 각자 파트가 나뉜다. 여자들로만 구성된 곳은 아파트나 분양권을 다루고 활동적인 여자들은 공장이나 공장부지 등 남자들이 주고객층인 매물을 취급하기도 한다.

분양권, 아파트, 상가분양 등 각 분야를 고루 경험했기에 나는 자연스럽게 가보지 않은 길을 선택했다. 남은 건 딱 하나 '개발'이라는 분야다.

개발 붐을 타고 있던 당시 김해 지역에서 개발 현장은 쉽게 눈에 들어왔다. 마음 한쪽에서 '정미야, 너도 잘 할 수 있으니 도전해보렴.' 하는 목소리가 들렸다. 주위를 둘러보니 나보다 경력이나 열정 면에서 부족할 것 같은 중개사들도 개 발에 땀나 듯 뛰어다니고 있는 모습을 보니 마음은 벌써 콩밭에 가 있었고, 이미 부지개발공사까지 끝나서 쾌재를 불렀다.

공장부지 개발은 또 다른 무대다. 관공서 각 부처별로 협의하고 아무것도 준비되지 않은 땅에 허가를 내고, 공사가 끝나고, 공장이 들어선 모습이 그려졌다.

참을 수 없었다. 새로운 곳을 알아보고자 하는 내 안에 잠재된 특유의 모험심이 일어났는데, 그때가 바로 내성적인 줄만 알았던 내가 의외로 모험을 즐기는 새로운 면이 있음을 알게 된 시기다. 스스로에게 준 과제 하나를 마무리할 때마다 성취는 짜릿함으로 새로운 세계로 안내해 주었고, 나는 거기에 흠뻑 취해갔다.

그도 그럴 게 김해는 도농복합도시로 빠르게 도시화 되면서 조변석개하는 곳으로 부산이나 창원의 배후도시 역할을 하면서 큰 대기업의 하청업체가 산재해 있었다. 시는 업체들의 공장 인·허가를 비교적 수월하게 내 주었는데, 시의 재원이 되므로 난개발의 문제점을 알고 있음에도 도시가 커나가기 위해서는 당연한 일이다.

당시의 작은 공장들이 자리를 잡고 재투자가 이어졌기에 도시가 빠르게 성장해나갔다. 지금에서야 난개발이라고 환경단체에서 비판하지만, 도시의 빠른 성장을 이끌어나간 것만큼은 사실이다.

그럴수록 차츰 김해라는 도시를 알수록 이곳에서 투자처를 생각하게 되었는데, 공인중개사는 도시 특성을 제대로 파악해야 한다. 그 도시에 맞는 투자처가 있으며 투자처마다의 흐름이 있다. 도시도 사람과 닮아 태어나고 자라고 성숙하는 단계를 거치고 어느 시기에 어떻게 투자해야 하는지가 자연스럽게 나온다. 그것을 이해하고 감을 익히는 데까지는 상당한 시간이 걸렸고, 지금도 계속해서 알아가야 하는 숙제다.

당시 공장개발 바람은 오래도록 불었다. 김해라는 도시에 몸을 담고 있었지만 이 도시의 특성을 제대로 이해하지 못하고 있었던 과거의 내게 만약에 감각이 있었다면 중개업을 하는 데 있어 쉽게 이루어낼 수 있는 것들이 많았을 것이다.

무딘 성격이었던 나는 직접 겪어보고 부딪혀서 깨져봐야 알 수 있었다. 이처럼 무던한 성격이 장점일 때도 있다. 내가 결정한 바는 밀고 나가야 직성이 풀리고 후회를 하더라도 부딪쳐보고 나서야 내려놓았는데, 이로 인해서 얻어낸 것들이 아주 많다.

실패로 인해 고통을 받지만 고통이 반드시 나쁜 것만은 아니다. 인간은 실패를 통해서 성장한다. 이러한 실패나 고통이 없었다면 제대로 된 나를 찾지도 만나지도 못했을 것이다. 당시는 많이 힘들고 좌절했지만 지금 돌이켜보면 그러한 시간들이 나를 성장시켜 온 것이라 믿는다. 또 사실이다.

그리고 자꾸만 새로운 것이 눈에 들어왔다. "부동산의 꽃은 개발이다."라고 당당하게 말하고 싶었는데, 때마침 주위 부동산 중 여성 공인중개사들도 개발에 많이 뛰어들던 시기였다. 친하게 지내던 언니가 먼저 개발로 전향을 했고 나름 성과를 올리고 있었던 터라 나 역시 자신감이 넘쳐났다. 이처럼 사람의 자만심은 무서운 것이다. 언니는 자격증도 없었고 나보다 나을 게 없어 보였던 것이다. 그 사람의 숨은 장점을 이해하지 못하는 때였다. 내 눈에는 그것이 들어오지 않았고 그보다 더 훌륭하게 해낼 수 있을 것이라는 오만함과 시기심으로 가득 찬 때였다. 익은 벼는 고개를 숙인다는 것을 아직 몰랐다.

당시 나는 주변의 개발 부지를 보면서 날마다 백지에 그림을 그렸다. 알고 그리는 게 아니라 땅 모양에 건폐율만 대충 계산해서 건물이라는 형체를 그리는 것이 일과였다. 땅만 보면 그림을 그렸던 것이다. 돌이켜보면 무모하고 건방진 짓이었다. 참담하게 깨진 것이 어쩌면 당연한 결과인데, 그땐 몰랐다.

그때만 해도 김해는 소규모 공장들이 우후죽순 들어서면서 땅값이 오를 대로 올라 있었다. 웬만한 곳은 개발이 되었기에 새로운 개발지를 찾는 것 또한 쉽지 않았고, 땅값에 비해 개발해서 쓸 수 있는 땅 면적도 작아 투자 대상으로는 썩 좋은 조건이 아니었다. 어쩔 수 없이 수도 없는 땅들을 검토하고 검토했다. 새로운 땅들이 접수되고 나올 때마다 현장을 밤낮으로 둘러보았던 것이다.

건물을 반듯하게 그려보고 비켜 세워서 놓아보기도 하고 건축의 '건' 자도 모르면서 마치 건축사가 설계하듯이 날마다 서툰 그림을 그려댔다. 건축을 위해서 도로는 필수였는데, 더구나 공장은 큰 트럭들이 얼마나 원활하게 진입할 수 있느냐가 관건이었다.

김해의 땅들은 모양이 예쁘면 진입도로가 말썽이었고 진입도로가 좋으면 경사도가 문제였다. 아무리 둘러보아도 내가 원하는 예쁜 땅은 찾을 수가 없었다.

눈을 돌렸다. 정부에서 관리지역 세분화로 묶을 지침을 가지고 있었기에 그것만 실행된다면 기존에 허가를 득한 땅들은 노다지가 될 수도 있다! 법 시행이 되기 전에 적당한 땅을 찾아 허가까지 마무리를 하면 한 방에 억 단위의 돈을 만질 수 있다!

생각만으로 기분이 들썩거렸다. 그건 기회였다. 그렇게 나는 부동산을 하면서 한 방을 기대하기 시작했다.

그때까지만 해도 여전히 부동산의 꽃은 개발이라고, 그 개발에 뛰어들어서 꼭 크게 성공할 거라는 자아도취적 주문에 완전히 취했던 것이다.

남들 다 하는 개발,
나도 한 번?

상업지 상가를 분양하면서 한 방을 꿈꾸게 된 나는 서서히 한눈을 팔기 시작했다. '나보다 나을 것도 없어 보이는 사람도 하는데 나라고 못할 이유가 없다.'는 자만심 하나만 있었을 뿐 분수를 몰랐고, 준비도 미흡했다.

때마침 김해 주변에서는 적당한 땅을 찾을 수 없었고, 설령 땅은 있어도 우리가 원하는 땅이 아니었다. 좀 더 큰 면적으로 개발하고 이익이 많이 남게 하려고 욕심을 부려서 이곳저곳 답사했는데, 당시만 하더라도 "두드려라. 그러면 열릴 것이다."는 우리에게 하는 말인 것만 같았다. 그리고 마침내 문이 열렸다.

원하는 면적에 조건도 우리에게 맞출 수가 있었고 무엇보다도 공장 인·허가에 문제없이 수월하게 진행될 수 있는 최적의 입지였다. 계약하기 전에 항상 하는 수순이 있었다. 도면을 그릴 줄도 모르고 보지도 못했다. 하지만 설계도를 그리고 계산기를 두드려 보았는데, 정말인지 계약을 하지 않으면 두고두고 후회할 것 같았다.

나란 사람은 한번 해야겠다고 마음먹으면 몇 날 며칠을 검토하고 답사하고를 숙제하듯 한다. 이번도 마찬가지였다. 몇 날을 생각에 생각을 더하고 자문을 하여도 정답은 하나, 해야 만했다.

들어가는 금액이 지금까지의 단위와는 전혀 달랐으므로 이 사실을 남편에게 얘기했다. 일단 저질러놓고 남편에게 통보한 것이다. 남편은 신경을 쓰거나 골치 아픈 일은 만들지 않는 성격이고 늘 모든 것을 나에게 미루거나 맡기는 성격이라 크게 반대하지 않았다. 다만 자금 융통 때문에 협조를 구하고 양해를 구했던 것이다.

처음으로 대출이라는 것을 해봤다. 사실 우리 남편은 지극히 평범한 직장인이다 보니 대출이라는 개념도 정립되어 있지 않았을 뿐더러 빚이라는 자체가 용납되지 않는 사람인데, 내가 이 일을 하면서 많이 이해하고 넘어가게 되었다.

설득이라기보다 남편을 이해시켜 대출을 받아서 자금 일부로 대체했다. 처음으로 어머니에게는 의논하지 않기로 했다. 대출에 있어서 만큼은 신중하고 보수적인 어른이라 대출에 대해서는 남편보다 더 거부반응이 컸으며 나중에 잘되고 나서 말씀드려도 충분히 가능할 것이라 생각했다. 미리 걱정을 안겨줄 필요가 없었다. 아무리 대담한 성격의 어머니라 하더라도 노인은 노인이기에 일이 마무리될 때까지만 함구하기로 했다.

덕분에 일은 일사천리로 진행이 됐다. 땅 구매를 위해서 법인도 설립했다. 아무래도 개인이 내는 세금보다는 법인이 내는 세금부담이 덜했으므로 나름대로의 분석으로 준비는 완벽하게 했다. 당시 법인 대출은 수월했고 일은 빠르게 진행되었다. 법인을 설립하고 계약금을 치르고 잔금을 마련하기 위해 잔금 대출도 받았다. 모든 것이 정확하게 오차 없이 진행되었고, 공장 설립 인·허가에 대한 부분도 문제가 없었다.

고성군은 해양조선사업이 번창할 때는 조선 경기에 힘입어 공장부지의 수요가 많지만 개발된 부지가 적어 제대로만 개발해 놓으면 높은 수익을 낼 수 있었다.

관청의 허가는 별 탈 없이 진행되었지만 시골은 늘 민원이 발생한다는 것까지는 생각하지 못했다. 세세한 부분까지 신경을 써야 한다는 것을 일을 진행하는 과정에서야 알았다.

군 단위의 시골이라 노인들에게 인사해야 하는지 몰랐다. 어딜 가나 동네 유지가 있는데 이곳에서는 노인정이었다. 공사를 진행하던 중 먼지나 차량 진입으로 노인들이 불편하다면서 민원을 제기하기 시작했다. 미리 인사를 드려야 하는지를 미처 몰랐다. 하루가 다르게 민원이 발생하니 노인정에 인사하러 다니는 일이 한동안 일과였다.

다행히 시골 어른들이라 무리한 요구는 없었지만 이런 세세한 부분까지 신경을 써야 한다는 것을 배우고 모든 일에 대비해야 한다는 것을 배웠다.

그렇게 나는 하나둘 차례대로 일을 처리해 나갔다. 타이밍이 아주 좋았다. 이제 연말이면 관리지역 세분화가 진행되지 않은 곳에서는 '개발행위허가'가 나지 않으니 우리가 개발한 곳은 매수자들이 줄을 설 것임에 틀림이 없었다. 생각만 해도 즐거웠고 그렇게 나는 꿈같은 시간들을 보냈다.

다만 공사 진행 속도는 더뎠다. 이로 인해 중간 중간 설계도면을 수정해야만 했는데, 만 평이나 되는 땅이니 이 정도쯤은 별것 아니라 생각했다. 예상보다 땅의 경사도가 높아 다시 면적 분할을 해야 하고 또 분할에 따른 비용이 새로 발생되었지만 그것 역시 큰 문제가 아니었다.

추후 개발된 땅을 팔아야 하므로, 조선소 협력업체나 관련업종에 대해 파악할 수 있는 업체 모두를 체크했다. 홍보자료를 보내기 위해서다. 우리가 접촉할 수 있는 업체마다 홍보용 전단을 보내고 부동산 홍보지에 간접광고도 했다. 업체 리스트를 만들어

우편으로 송부하면서 하나씩 진행했다.

얼마 후, 고성이 조선 특구 지정이 되면서 연일 매스컴에 올랐고, 그걸 보면서 나는 뿌듯한 기분으로 연말을 보냈다.

그런데 문제가 생기기 시작했다.

관리지역 세분화 시행이 늦춰진 것이다. 전혀 예상하지 못한 일이었다. 아직 준비가 미흡하다며 시행일자를 늦추었는데 여기저기 새로운 부지들이 계속 개발이 되면서 우리 땅은 희소가치가 없어졌다. 매수자가 큰소리를 치며 휘두르는 시장이 되었다. 설상가상 조선 경기마저 하락으로 조선 특구 지정이 미루어지고 결국에는 지정 취소라는 소문까지 나돌게 되었다. 누구 하나 공장을 신축하는 곳이 없었다.

조선소는 공장 면적이 다른 공장들보다 크다. 우리가 개발한 곳은 조선소와 가까운 입지이며 면적도 컸다. 제대로 된 매수자를 찾기가 힘들어졌지만 물러설 데라곤 없었다.

잘될 때는 의기투합하지만 일이 어긋나면 내분부터 생긴다. 모두를 만족시킬 수는 없다 보니 서서히 투자한 사람들의 이탈이 생겨나기 시작했다. 의견이 많은 쪽으로 진행하고 그렇지 못할 때는 한 사람이 앞에 서서 목소리를 높여야지만 일이 진행되다 보니 원망과 내분으로 갈등이 생기게 된다. 우리에게도 똑같은 수순으로 비극이 일어났고, 기어이 친하게 지내던 후배를 잃게 되면서 꿈에서 깨어났다. 꿈에 부풀었던 공장개발이 허망하게도 실패를 안겨 주었고 힘든 시간에 떠밀리게 되었던 것이다.

내 자본으로 진행이 되었다면 다음을 기약하면 되지만 땅값 전체 중 상당 부분이 대출이었으므로 이자를 감당해내기엔 상당 기간 동안 힘이 들었다. 한 번 넘어지게 되면 다시 일어설 때까지 오랜 시간이 걸리게 되고 시간뿐만이 아니라 회복할 때까지 정신적으로나 물질적인 고통은 이루 말할 수가 없다.

내 고집으로 시작하였기에 차마 집에다 이실직고를 하는 건 불가능했다. 수익을 내기는커녕 더 힘들어진 상황이 되었기에 누구에게 터놓고 얘기할 수도 없었다. 실패를 인정할 수가 없었다. 사람들과 얼굴을 마주하고 있는 것조차 싫었다. 두세 명 모여 있는 곳을 지날 때는 뒤통수가 따가웠다.

아무도 내게 조금의 관심조차 두지 않았지만 자존심이 상해서 입을 닫고 살아갔다. 자연히 얼굴은 굳어져갔다. 혼자서만 그 세월을 견뎌내기로 했고 지금도 견뎌나가고 있다. 다시 내성적인 나로 가두는 계기가 되었다. 누구에게도 들키고 싶지 않은 치부로 여겨졌던 것이다.

지금까지 살아오면서 부자는 아니었어도 손을 벌릴 정도 또한 아니었다. 눈으로 보는 것이 전부였기에 만족했다. 생각이 크고 아는 게 많다면 부족한 것들이 눈에 들어오고 채우기 위해 노력

했겠지만 아는 게 별로 없었다. 그러니 부러울 것도 없었으리라.

세상은 아는 만큼 보인다는 자명한 진리를 나중에서야 깨달았다. 보이는 것 듣는 것이 많아서 내가 가진 게 없고 채워야 할 것들이 많다는 것을 알았다면 악착을 떨었겠지만 결혼하고 이 일을 어느 정도 할 때까지는 그런 욕심도 없었다.

하지만 이 일로 인해 내가 가진 것이 별로 없고 채워야 할 것들이 많다는 것을 알게 되었고, 그때부터는 이번 일의 실패가 몹시 부끄럽고 창피했다. 마음을 꽁꽁 닫기 시작했다. 내성적이지만 주변에 벽을 쌓지는 않았던 내가 하나씩 만리장성을 쌓아가고 있었던 것이다. 누구에게도 좀처럼 속내를 드러내지 않고 일에만 집중해나갔다.

집에서도 마찬가지였다. 대화하는 것 자체가 귀찮은 일이 되면서 별다른 이야기 없이 무덤덤한 나날을 보냈다. 우리 부부는 대화가 많지 않다. 전형적인 경상도 사람이라 필요한 말 외에는 말이 없다. 유일한 소통의 통로는 딸아이였다. 큰아이는 아들이라 역시 말이 없다. 많이 의지하고 힘이 되던 어머니와도 점점 대화하는 횟수가 줄어들었다.

마음이 불편했다. 그 누구와 있어도 편안하게 앉아 있을 수가 없었고, 점점 혼자 있는 시간들이 좋아지면서 나름 즐기기 시작했다. 지금까지도 우리 가족은 내가 이처럼 외롭고도 처절한 시간을 보냈는지 아무도 모른다. 가족 어느 누구와도 의논하지 않았고 이야기하지 않았기 때문에 막연하게 잘 안 된다고 생각만 할 뿐이지 더 상세하거나 구체적으로 알지 못한다. 항상 그래왔듯이 오로지 혼자 몸으로 이겨내야 했고 견뎌내야 했다.

어느새 유일한 쉼터는 사무실이 되어가기 시작했다. 사무실에 앉아서 컴퓨터를 열어놓고 이런저런 뉴스를 본다거나 인터넷을 쳐다보고 있으면 걱정이나 시름은 잊을 수 있었다.

책을 자주 손에 쥐게 되었다. 어릴 적엔 서점 한구석에 앉아 책 읽는 모습을 상상하며 서점 주인이 꿈이었던 적도 있었는데, 아마도 이때 책을 읽지 않고 방황했다면 지금의 온전한 내가 없을 수도 있었을 것이다.

이 시기 자기계발서과 같은 도서를 많이 읽었는데, 몇몇 성공담은 마치 내 이야기 같았다. 반드시 일어설 것이라고 다짐에 다짐을 거듭하고 스스로 격려하고 참 많이도 울었다. 그렇다고 해서 비참하거나 우울하지는 않았다. 오히려 울면서 힘이 났다. 반드시 성공할 수 있다고 나를 일으켜 세우는 힘이 울음 속에서 억세게 터져 나왔다. 하루하루를 힘들게는 보냈지만 절망적이지는 않았다.

언젠가 다시 일어설 수 있는 직업이 부동산이고 사람이라면 넘어진 자리에서 일어서야 한다고 생각하기에 꿋꿋하게 사무실을 지켜나갔다. 그리고 매일 같이 가슴으로 새겼다. 철저하게 준비하고 준비해도 실패할 수 있다고, 부동산은 살아 있다고, 그래서 어떠한 변수가 나올지 모른다고, 이 모든 게 나의 잘못은 아니라고.

그렇다면 내가 할 수 있는 게 무엇이 있는지를 고민해봤다. 내가 너무 몰랐기에 서툰 투자를 했고 그 결과는 처참했음에도 불구하고 나와 같은 사람들이 없기를 바라는 마음에서 무언가를 하고 싶다. 아니 해야 한다고 생각했고 그 중 하나가 글쓰기였다. 글을 쓰기 시작한 또 다른 이유로는 내 아이들에게 엄마인 '나'를 제대로 보여주고 싶어서다. 가족이고 자식이기에 서로를 속속들이 알지 못하고, 실제로 남들에게 보이는 '나'는 가족이 아는 '나'와 다르다.

공인중개사로 활동하면서 분양권 투자를 하면서 나름 돈도 벌었고 또 실패도 맛봤다. 누구나 한다는 투자 바람에 같이 휩쓸리기도 했다. 하기 힘들다는 상가분양도 성공리에 마쳤고, 땅 구매부터 설계, 기획까지 완벽하게 해냈다. 누구에게도 욕먹지 않기 위해 공부해가면서 몸으로 뛰었다. 많은 공부가 필요했다. 단순하게 상가 입점만 시키는 것이 아니었기에. 그래서 더 힘들었는지도 모른다. 하지만 한 단계 성숙된 미래의 나를 만들 수 있었기에 후회는 없다.

투자한다는 것은 미래를 위한 것이다. 현재만을 보고 살아가는 사람들에게 투자는 의미가 없다. 하지만 유한한 존재인 우리는 현재만을 살아가서는 안 된다. 미래를 보고 미래를 준비해야 만한다. 그런데 투자가 현실을 힘들게 해서는 안 된다. 현재 행복하고 만족하지 않는 미래는 존재하지 않는 것이다.

요즘의 젊은이들은 미래를 대비하는 삶의 태도보다는 현재 누릴 수 있는 행복이나 만족한 삶에 더욱 큰 가치를 두는 경우가 많다. 하지만 미래를 준비하는 것 또한 현재의 삶 만큼이나 중요하다. 미래를 준비하지 않는 사람은 언젠가 큰 실패를 겪으며 넘어지기 쉽기 때문이다.

내가 막상 넘어졌을 때 누가 나를 일으켜 세워 부축해 주겠는가. 다들 제몸을 추스리기도 힘든 판에 지쳐 쓰러진 나를 떠메고 가도록 짐을 지울 수는 없는 일이다. 따라서 스스로 일어설 수 있는 힘을 길러야 하는 게 아닐까 싶다.

내가 넘어졌을 때, 그때 나를 잡아준 것은 책과 아이들이었다. 아이들이 점점 커 가고, 가장 중요한 시기인 청소년기에 제대로 뒷받침을 해 줄 수가 없게 되자, 어떻게든 일어나야겠다고 다짐한 것이다.

한데 다행이라고 해야 할지 무어라 표현하기가 애매하지만 큰아이는 공부에 흥미가 없었다. 해서 고액 과외도 학원도 필요 없었다. 철저하게 나쁜 엄마였다. 아이에게는 미안하지만 사교육비가 지출되지 않자 나름 돈 걱정은 줄일 수 있었다. 아직 아무에게도 말하지 않은 마음 깊이 담아놓았던 이야기이다.

그러나 이 시기에 여유가 있어 아들에게 공부를 강요하고 날마다 잔소리를 했다면 아마 아들도 삐뚤어졌을지 모를 일이다.

또 아들과의 관계마저 힘들어졌을 것이다. 그저 있는 그대로 하고 싶은 것을 하도록 맘껏 내버려 두었기에 엇나가지 않았는지도 모른다.

아이들에게 강권하지 않는 대신에 세상을 가르쳐주고 싶었다. 당시 이영권 박사의 경제 개념 심어주기나 세상을 알려주는 프로그램이 유행했는데, 세상을 잘 모르고 경제교육을 제대로 받지 못해 실패했다고 생각했던 나는 나의 아이들에게만큼은 세상을 알려주고 싶었다. 세상을 보지 못했기 때문에 힘든 길을 걷는 일만큼은 사전에 막아주고 싶었던 모양이다.

나는 망설임 없이 두 아이와 김해를 잠시 떠났다. 비용은 저렴하지 않았고 새벽 서울행 기차를 타기도 쉽지만은 않았지만 후회 없는 선택이고, 지금도 잘했다고 본다.

현재도 아이들을 보며 힘을 내고 일어서는 용기를 다진다. 그렇다고 내 아이들이 자랑할 만한 직업을 가진 것도 스펙을 가진 것은 더더구나 아니다. 지극히 평범한 대한민국의 아들이고 딸이지만 나름 원칙과 꿈을 가지고 살아간다.

나의 부동산 사무실을 찾는 젊은이들을 보면 내 아이들을 떠올린다. 결혼할 나이가 되어 결혼을 하고 가정을 꾸리지만 경제관념도 사회경험도 미비하다. 그런 아이들이 미래를 설계하고 노후를 잘 대비하며 살아가려면 준비가 필요하다. 많은 기회가 주어진다면 '몰라서 못하는 어리석음'을 깨우쳐 주고 싶다.

단언컨대 개발을 하면서 겪은 많은 어려움은 실패의 어려움보다 결코 크지 않다. 그러니 실패하지 않기 위해 해야 할 것들이 많다. 넘어지면 일어서면 된다지만 일어서기까지 많은 고통이 따른다. 어쩌면 넘어져서 영영 일어나지 못하는 경우도 많이 봤다.

시간은 쉬지 않고 흐르고 돈도, 기회도 지나가는 가운데 언제까지 모르는 것을 그대로 놔둘 것인가. 몰라서 못하면 한이 될지도 모른다. 누군가가 가르쳐줄 때까지 기다리기보다 이제는 스스로 나설 때다.

사람을 부르는
호칭부터 점검하라

공장부지 개발로 크게 한 방 먹은 나는 지칠 대로 지쳐갔다. 누구에게 툭 털어놓고 이야기하지 못하고 오롯이 혼자 앓다 보니 몸도 마음도 병들기 시작했다. 그렇다고 해서 부동산을 내려놓을 수도 없었는데 아니나 다를까 실제로 사무실에 나와 있으면 힘이 났다. 어찌 되었든 부동산으로 다시 일어나야 만했다. 그것만이 살 길이라 여겼고, 그것이 바로 내가 꿋꿋하게 부동산을 지켜나가야 하는 이유였다.

물론 매일 아침 눈을 뜰 때만큼은 괴로웠다. 아침이 싫었다. 이불자락을 움켜잡고 팔 한쪽 펼치고 몸을 끄집어내는 것조차 버거웠다. 찰랑거리던 머리칼은 점점 푸석푸석해져만 갔고 몸은 무겁게 굳어져갔다. 그렇지만 언제까지 늘어져 있을 수만은 없었다. 어금니를 꽉 물고 침대에서 일어나 앞날을 생각하고 설계했다.

부동산으로 다시 일어설 것이라는 확신이 있었지만 어떤 계기가 될지는 늘 궁금했다. 부동산을 떠나서는 기회를 잡을 수 없었기에 그 안에 언제나 내가 있어야 만했다. 다른 곳은 싫다. 쓰러진 그곳에서 일어서겠노라고 다짐했다.

그래도 내가 가장 자신 있으면서 잘 할 수 있는 것이 그래도 분양권이었다. 따지고 보면 크게 공부하지 않아도 되는 게 분양권이다. 눈만 제대로 뜨고 감각만 곤두세우면 그런 대로 견뎌나갈 수 있는 반면에 땅이나 상가 등은 알아야 할 것, 짚어야 할 것들이 많을 뿐만 아니라 거래가 성사되기도 쉽지 않다. 거래 단위가 큰 것도 이유이기는 하지만 거래하는 당사자들도 나름의 철학 같은 것을 가지고 있기에 중개업자들의 말을 곧이곧대로 믿지 않는 경우가 많았다.

하지만 우리는 안다. 부동산시장의 패러다임은 돌고 돈다는 것을. 무한대로 가격이 오르거나 내리막은 존재하지 않는다. 한차례 분양권이 날개 돋친 듯이 팔려 나가면서 천정부지의 몸값을 자랑했고 지금은 곤두박질치는 현장에 내가 있었다. 그리고는 땅이 미친 듯이 팔려나가고 그 다음에는 또 발이 묶이고 나락으로 떨어지는 것들을 경험하고 지켜봤다.

세상에 유일한 것은 없다. 부동산이라고 예외일 리는 없으리라. 언제까지 잘되거나 끝없는 상승이 없다는 것을 부동산 현장에 있으면서 누가 가르쳐주지 않아도 알게 됐다. 따라서 흐름을 잘 타야 하는데, 흐름을 타야 일도 수월하고 돈도 벌게 된다.

늘 얘기하던 '흐름'은 현장에서 볼 기회가 많았지만 나 역시 흐름을 제대로 읽지는 못했다. 마음만 앞섰고, 무지했기 때문이다. 다시는 같은 실수를 두 번은 하지 않으리라 다짐하면서 하루를 보내고 내 자신을 지켜나갔다.

얼마 후 기회가 왔다. 김해 지역 내 분양권 투자가 다시 대두되면서 새로운 신도시가 생겨난 것이다. 신도시가 생겨나면 우선 아파트를 짓기 시작하고 아파트는 좋은 투자가 되는데, 당시 '율하 지구 택지지구'는 제법 규모가 있고 무엇보다도 깨끗한 주거 입지를 내세웠기 때문에 창원 등 근교에서 수요가 많았다.

중요한 건 누가 먼저 바람을 일으키느냐다. 그리고 여기에서 파벌이 등장하는데, 부동산도 파벌이 존재한다. 어느 시장에나 있는 구도이지만 부동산업계에서도 파벌은 끊어내려야 끊을 수 없는 병폐이기도 하다. 미분양인 단지에서는 모델하우스 안에서 영업을 해도 건설사에서 묵인하는 경우가 많다. 건설사 입장에서도 부동산이 나서서 팔아주기 때문에 서로 도움이 된다.

사무실에 오는 손님들은 반드시 모델하우스 방문이나 현장답사를 빠뜨리지 않는다. 한두 푼짜리 물건을 사는 것이 아니라 몇 억짜리의 물건이며 적어도 몇 천 만 원의 금액이 지불이 되어야 하기 때문에 간단한 문제가 아니다. 그러니 실물이 아니라 모델일지라도 확인하고 체크하려는 심리는 당연하다. 어떤 바보가 집을 사는 데 단순히 그림만 보고 결정하겠는가.

공인중개사 입장에서는 사무실을 찾는 고객은 반드시 모델하우스까지 동행해 계약을 성사시키는 게 베스트다. 기껏 사무실에서 설명을 잘 해놓고도 모델하우스에서 손님을 놓치는 경우가 다반사이기 때문에 '내 고객은 내가 지킨다.'는 의미에서 반드시 모델하우스까지 동행한다.

모델하우스에서 고객이 부동산 중개사와 동행을 하면 다른 부동산들은 한 걸음씩 물러서 준다. 업계의 룰이라고나 할까. 물론 이런 룰을 꼭 어기는 곳이 있어서 언쟁이 생기고 다툼이 생겨나기도 하는데, 무한경쟁 시대인 만큼 누구 탓을 할 수 없는 일이다.

이렇게 치열한 경쟁구도 속에서 대다수 공인중개사나 부동산 관계자들은 딸랑 단지 배치도라는 그림 한 장을 가지고 손님에게 상품 설명을 한다. 아파트의 방향과 층수 등 많은 것들을 이야기한다. 그림으로만 보기에 실제로 아파트 입주 때가 되어서 보면 생각보다 햇빛이 덜 들어올 수도 있고, 단지 내의 조경이 제대로 보이지 않는 경우도 생겨난다.

하지만 최선을 다해서 설명한다. 거실에서 소파 방향이며 부엌과 여러 방을 상세하게 그려준다. 이게 끝이 아니다. 또한 신도시니만큼 완공되고 난 다음의 시가지에 대해서도 큰 그림을 그려준다.

부동산은 현재를 보고 투자하는 것이 아니다. 미래를 그릴 줄 알아야 제대로 된 투자를 할 수 있다. 현재를 살아가는 우리가 미래를 그린다는 것은 쉽지 않다. 그래서 유사 지역을 알아야 하고 공부해야 한다. 흐름을 보기 위해서다. 그런 면에서 김해는 신도시가 계속 생겨났기에 벤치마킹할 수 있었다. 그 지역의 과거를 더듬어보고 현재를 바라보면 어렴풋하게 그려 볼 수 있다. 이미 학습화된 상태이기 때문에 손님들도 수월했다.

나는 사무실에 온 손님들은 하나도 놓치지 않았다. 최고의 매물을 골라내지 못하면 차선책을 제안했고 그것마저도 어려운 상황이라면 나중에 돈이 되는 상품을 권했다. 사람마다 투자하는 기준이 달랐기에 물건마다 주인이 따로 있다. 그래서 아무리 못난 이 집이라 하더라도 시기를 잘 만나게 되면 제값을 받을 수가 있는 것 또한 부동산이다. 아무리 훌륭한 매물이라도 시장상황이 곤두박질치는 시기에는 소위 말해서 '똥값'으로 팔아야 되는 것 또한 부동산이다.

이런 부동산의 흐름을 타는 내내, 어떤 상황이 벌어져도 고객들에게 중간 입장에서 거래를 성사시켜야 한다. 어느 누구에게 치우침이 없이, 제 삼자의 입장에서, 아주 객관적으로 말이다. 거래 당시에 최선을 다하여 계약 진행을 해 준다면 반드시 그 고객은 다시 찾아온다. 실제로 내 상황이 그랬고, 그렇게 재기 신호탄이 빛을 발하기 시작했다.

그러는 와중에도 신도시였기에 계속 분양하는 단지가 생겨났다. 처음 한 번은 힘들지만 한번 믿고 거래를 시작하면 손님들의 이탈은 극히 적다. 한 단지 옆에 새로운 단지가 들어서면서 기존 고객들은 순번을 기다리면서 매수하고자 희망했다.

나만의 원칙이 정해져 있었기에 손님들에게 당당하게 매물을 소개하고 믿고 가는 사이가 되었다. 돈맛을 봤기 때문이다. 나를 통해 구매한 고객들은 매도를 할 때도 반드시 나와 거래를 했다. 시간이 흐르면서 신뢰가 쌓인 것이다. 하루아침에 이룬 결과물은 결코 아니다. 일일이 체크하고 관리를 했기에 이탈이 적었다.

대다수 부동산들은 꾸준히 관리하지 않는 경우가 많다. 일반적으로 분양권을 사 주고는 팔 때쯤 되어서 전화 한 통화로 의사를 묻는 것이 통상적이다.

하지만 나는 나름대로 규칙을 정했다. 주기적으로 안부와 근황을 체크했고, 단순 문자보다는 직접 통화를 하면서 진심을 건넸고, 한 명 한 명 정성을 다했다. 그렇기에 그 사람들이 나를 믿고 매도하고 새롭게 매수자가 되어 선순환이 이루어졌다. 믿음이란 거래에 있어서만 중요한 것이 아니라 사람과 사람의 관계를 지켜

준 셈이다.

얼마 후, 율하 지구를 시작으로 분양하는 모델하우스 앞에는 텐트가 생겨났다. 일명 '떴다방'이라고 하지만 엄밀히 말하자면 떴다방은 아니다. 당시는 그 지역의 업체들만 옹기종기 모여 있었고 서울 등 외부 진입은 없었으므로 완전한 떴다방이라고 보기는 힘들었다. 지역 업체들이니 만큼 모두가 속속들이 아는 처지라 큰 분란은 없었다.

다만 사무실에 있을 때보다 일이 거칠어졌다. 손님들은 한 곳만 가지 않기 때문에 한눈에 어느 집에 손님이 앉아 있고 어느 집에서 거래를 하는지 눈에 읽힐 수밖에 없어 자존심 싸움으로 번져 나갔다. 고객이 이 집 저 집 텐트를 옮겨갈 때마다 매물은 금액이 뛰고 물건은 찾기 힘들어진다. 돌파구가 필요한 상황인 셈이다.

내가 아는 고객들은 미리 리스트에 주문을 받아두었다. 어떤 매물이 어느 정도의 금액이면 거래를 하겠다는 약속을 받고 미리 계좌 송금을 받아둔 것이다. 신뢰가 없다면 감히 상상도 못하는 일이다.

하지만 고객들은 흔쾌히 그리하겠노라고 하였고 나는 그에 대해 최선을 다해 매물을 구해주고 거래를 성사시켰다.

손님과의 신뢰도 중요하지만 건설회사와의 관계도 당연히 중요했다. 명의변경이라는 절차가 있어 은행과 건설회사 두 곳의 도장을 받아야 일이 마무리가 되므로 언제나 마무리가 깨끗하기 위해서는 사전 준비가 철저해야 만했다.

간혹 계약하고 금액이 건너간 상태이지만 대출이 승계되지 않아서 계약이 파기되는 경우가 생기기 때문에 은행 직원들과도 항상 좋은 관계를 유지해야 협조가 잘 된다.

건설회사도 마찬가지이다. 예약이 필수이지만 미처 예약을 챙기지 못하여 정리가 안 되는 경우가 발생하지 않도록 사전에 체크를 해야 한다.

이처럼 공인중개사는 손님만 챙긴다고 되는 일이 아니다. 물론 고객만 챙긴다고 해서 일의 진행이 아예 안 되는 건 아니다. 다만 매끄럽지가 못해 괜한 문제로 이어질 수도 있으니 두루 살펴야 한다는 말이다. 시기가 시기인 만큼 나는 더 꼼꼼하게 사전체크를 해나갔고, 이쯤 되자 어느 정도 안정기에 접어들게 됐다.

그러자 차츰 공부해야 할 것들이 다시 눈에 들어왔다. 단지마다의 특징 등 실 매물에 대한 공부보다도 이제부터 해야 할 것들은 고객들의 이탈 방지와 주변 부동산과의 유대 등 인간관계를 중심으로 일했다. 어제와 똑같은 오늘을 살고 있으면서 더 나은 내일을 바라는 것은 도둑놈 심보이다. 과거 내가 해왔던 방식으로는 다시 실패할 수 있으므로 앞으로 집중해야 할 새로운 업무에 몰입했다. 새로운 나만의 전략이 시급했다.

부동산 매물은 한마디로 아파트 분양권 같은 경우는 비슷한 동, 호수면 누구나가 수용을 한다. 반드시 그 동, 호수여야만 하는 것은 아니기에 손님들도 내가 주지 못하는 나만의 차별화가 없으면 굳이 나를 찾아올 이유가 없다. 다른 부동산업주와의 관계에서도 마찬가지이다. 한정된 상품이지만 대체가 가능한 상품이 있다. 따라서 사람과의 관계가 우선이다. 이제까지 나는 그것들을 놓치고 있었다.

사실 고객과의 관계는 어느 정도 노력을 하고 있었으나 동종업계에서의 관계는 매끄럽지 못했다. 그 이유는 간단하다. 자주 어울리지 않았으므로 친밀도가 떨어질 수밖에 없었는데, 그걸 깨닫는 순간부터 나를 바꾸기 시작했다.

우선 사람을 부르는 호칭부터 바꾸기 시작했다. '실장님에서 언니'라는 호칭을 쓰면서 인간적으로 다가섰다. 처음부터 간드러진 목소리로 '언니'라고 부르고 싶은 마음이 굴뚝같았지만 어쩐지 어색했다.

하지만 자꾸 부르다 보니 어느새 익숙해졌고, 호칭이 바뀌니 자연적으로 상대와의 거리감도 좁혀졌다. 사람과의 관계가 어떻게 부르느냐에 따라 달라지는 것을 느끼니 사람 한 사람 한 사람 호칭에 대한 고민을 하게 되었다.

이런 사소한 것들조차 제대로 깨닫지 못하고 살아온 세월들을 반성하면서 비로소 지금에서야 여러분에게 감히 조언한다. 지금 당신이 넘어진 자리에서 일어나지 못하고 있다면, 사람을 부르는 호칭부터 점검하라고 말이다.

아이슈타인은 이런 말을 했다.

"실수를 해보지 않은 사람은 한 번도 새로운 것을 시도해보지 않았던 사람이다."

실패가 실패만이 아니고 성공으로 가는 길목이라는 걸 알게 되기까지 힘은 들었지만 실패에서 감사를 배웠다. "나는 실패를 한 것이 아니라 성공을 위한 도전을 새롭게 하는 것입니다."라는 말의 참뜻을 알게 되었다. 나 역시 실패하지 않고 성공된 투자로만 이어졌다면 인간답게 사는 참다운 방법을 모르고 살았을 것이다.

인간은 결코 혼자 세상을 살아갈 수 없다. 원시시대에도 무리를 지어 살았고 현대사회도 조직 속에 속해 있고 사회생활을 하고 산다. 상대를 진심으로 배려하고 이해하고자 노력하는 의지와 마음만 있다면 성공은 분명히 더 가까이 와 있다.

텐트 하나로
대어를 건지다

삶은 새로운 것을 받아들일 때 반드시 발전한다. 새것을 받아들이려면 결코 아는 척을 해서도 안 된다. 하여 아는 자가 되지 말고, 언제까지나 배우는 자가 되어야 한다. 내 삶의 좌우명이다.

배우는 자가 되려면 마음가짐 또한 중요하다. 마음의 문을 닫지 말고 되도록 365일 열어둬야 만한다. 물론 쉽지 않다. 살다 보면 별의별 사건이 일어나기 마련이고 어느새 자기도 모르게 마음의 빗장을 걸고 사는 게 속 편하다고 말하는 자신을 보게 될지도 모른다.

하지만 쉬지 않고 흐르는 시냇물은 썩지 않듯이 끊임없이 새로운 것을 받아들이는 사람 역시 활기가 넘치고 아우라가 넘친다. 설령 그 사람이 불완전하더라도 말이다. 나 역시 지금도 부족한 게 많고, 과거에도 그랬다. 그럼에도 15년 간 공인중개사로 별 탈 없이 살아오게 한 원동력이 있다면, 그 중 하나가 "공인중개사는 잘 모르는 것을 덮어둬서는 안 된다." 라는 나만의 신념이다. "어떤 삶을 살고 싶으냐?" 라는 질문에 지금도 나는 이렇게 말한다.

"배우는 사람이요."

아주 가끔 농담조로 "나는 김해 지역 내에서 둘째가라면 서러운 배우는 자"라고 내 소개를 할 정도로 나는 새로운 것을 습득하고 받아들이는 데에 일가견이 있다. 한 살이라도 젊은 시절에는 더하면 더했지 못하지는 않았다.

10여 년 전만 하더라도 서울과 달리 김해 지역에 있는 부동산업계에서는 블로그 홍보마케팅을 적극적으로 활용하지 않았다. 그러다가 호기심 많은 내 눈에 블로그 마케팅이 들어왔다. 파워블로그라 하여 광고협찬도 들어오고 포털사이트에서 퍼져나갔고 여차하면 포털사이트 메인에서도 소개되기도 했다. 궁금하기도 하고 나도 해보고 싶었다.

내 경우, 지금까지 부동산광고는 교차로나 지방에서 쓰는 서버가 전부였다. 한눈에 봐도 뭔가 될 것 같았다. 예쁘거나 눈에 띄는 블로그들을 한 곳에 모아 즐겨찾기를 해뒀다. 부동산 분야에서는 아직 눈에 들어오는 블로그가 딱히 없었다. 그런데 기묘하게도 블로그를 만들지도 않았는데 벌써 눈앞에 파워블로그에게 주는 메달이 아른거렸다.

그날 오후, 나에게 맞는 틀을 만들려고 백지를 꺼내 선을 그었다. 무엇이 어떻게 되는지 모르고 마음만 앞섰지만, 아직은 지역업체 광고가 대세인 가운데 내가 먼저 블로그 마케팅을 시작하면 우리 부동산에 또 다른 날개를 달아줄 것이리라고 확신했다.

문제는 컴퓨터에 대한 지식이 부족하다는 것이었다. 스승이 필요했고, 나는 큰아이 선배에게 도움을 청했다. 컴퓨터학과 출신으로 내가 모르는 컴퓨터에 대해서 예전부터 많은 도움을 받고 있었는데 이번에도 흔쾌히 블로그에 들어가는 사진이나 그림 등으로 보기 좋게 꾸며주었다. 헌데 그것만으로는 부족했다. 예쁜 그림 한 장 있다고 사람들이 찾지는 않았다. 뭔가 새로운 것이 있을 것 같았다.

검색어에 '블로그 마케팅'을 쳐보니 다양한 사이트가 나열되었다. '실시간 인터넷 교육'이라는 문장이 눈에 꽂혔다. 실시간 화상교육은 생각도 할 수 없는 획기적인 것이었다. 시간을 내는데 자유롭지 못한 나였기에 저녁시간 사무실에 앉아서 교육받는다는 것은 커다란 충격이자 거부할 수 없는 유혹이었다.

게다가 내가 할 수 있는 일에 접목을 한다는 점은 더없이 좋았다. 기간은 2달 과정이었고 매주 2회였으니 큰 부담은 없었다. 다만 과제의 양이 엄청난 것이어서 해내기가 힘들었지만 배우는 동안 내내 신세계였다. 이미 서울에서 블로그 마케팅은 호황이었지만 지방은 반대였는데, 특히 내가 있는 지역에서는 아직 찾아볼 수 없었다. 그 누구도 시도하지 않았던 것이다. 이런 행운이 있을 수가!

나는 점점 신이 났다. 새로운 것을 받아들이는 것도 즐거운데 것도 남보다 일찍 배우게 되다니, 무언가 보물지도를 손에 넣은 기분이 들었다.

사무실은 아직 한적한 신도시였기에 수업이 있는 날은 우선 사무실 문부터 잠갔다. 수업은 저녁 8시부터 밤 11시까지였다. 혼자 사무실에 앉아서 수업을 듣고 따라 하다 보면 12시가 넘는 경우도 허다했다. 사진을 자르고 붙이고 움직이는 것들을 보니 어떤 것을 해도 다 해낼 수 있을 것 같았다. 자신이 있었다.

내가 블로그 마케팅에 눈을 뜨는 사이 택지지구 내의 아파트 용지는 모두 분양이 끝났다. 그동안 주택 공급이 없어서 인기리에 분양이 되었고 프리미엄도 적지 않게 붙어 있다. 인접한 도시에서도 저렴한 분양가로 교통이 좋은 곳으로 이주해 오는 유입인구 수요가 겹쳐 아파트 분양은 성공이었다. 도시는 안정되어가고 있었고 아파트 수요는 꾸준했다.

아파트 분양 시 지역 부동산들을 먼저 초대해서 모델하우스 관람도 시키고 사업설명회로 미리 붐을 일으키려고 하는데 이번 설명회는 조금 달랐다. 아파트가 들어설 땅도 없는데 어디에 들어서는지도 궁금했고 주택조합이라는 용어도 낯설었다. 생소한 용어이기는 했지만 끌리는 아이템이기도 했다.

장유 지역에 최초로 들어서는 지역 주택조합 사업설명회가 모델 하우스에서 열렸고, 발을 디딜 틈이 없을 정도로 인파가 몰렸다. 좁은 공간이고 많이 몰려온 사람들로 인해 숨이 막혔다. 용어조차 생소해 아는 바가 없었고 어떤 것인지 듣고 알아봐야 했기에 누구도 자리를 뜨지 않았다. 하지만 무엇 하나 쉽게 이해가 되지 않았다.

다음 날, 조합에서 받아온 설명서를 받아들고 블로그에 한 줄 포스팅을 했다. 사업설명회만으로 이해가 가지 않아서 자세한 설명을 할 수 없었지만 다녀온 후기로 간단하게 적었다.

가장 핵심이 되는 단어는 '저렴한 분양가'였다. 기존의 아파트에는 프리미엄이 몇 천 만 원 붙어 있고 게다가 분양가도 평당 구백만 원이 넘었으나 주택조합은 삼분의 이 정도인 육백만 원 선이니 누가 들어도 끌리는 조건이었다. 조건은 단 하나 집이 없는 세대주로 제한한다는 것.

이미 신도시의 아파트 가격은 오를 대로 올라 있었으므로 저렴한 가격을 내세운 전략은 사람들을 자극하기 충분했다.

이제 막 핸드폰이 스마트폰으로 옮겨가는 시기여서 누구나 손에 들고 검색을 할 수 있었지만 어디에도 주택조합에 대한 안내가 없었다. 유일하게 내 블로그에서 한 줄 포스팅을 발견하고 손님들은 궁금증을 쏟아냈다. 건설회사에서는 각 매체 주요 시간대에 광고를 함으로써 손님들의 궁금증은 증폭되어 있었다.

라디오에서는 건설회사 이름만 줄곧 외쳐대고 티브이 광고 역시도 건설회사 이름과 주택조합이라는 말만 되풀이했다. 귀로는 들어서 아는데 그에 대한 정보를 제공하는 곳이 없어 유일한 한 줄 포스팅을 보고 전화를 하게 됐다는 고객과 연이 닿았다. 한 줄 포스팅의 위력은 대단했다.

갓 블로그에 입문해 포스팅만으로 효과가 나올지 테스트하는 마음도 있었지만 무엇이든 포스팅을 하는 것 자체로 만족했는데 고객들의 피드백이 오자 더 신이 났다. 나아가 손님들의 궁금증도 다양했고, 그에 맞춰서 구체적인 공부가 필요했다.

그날부터 주택조합에 대한 책들을 찾아보기 시작했다. 시중에 출간된 책은 몇 권 되지 않아서 겨우 한 권을 골라 주문했다. 며칠 후 책이 도착하자 내가 알아야 할 것들을 찾아서 읽어나갔다. 이해하기 어려운 부분들도 있었지만 일단은 읽고 나름대로 노트에 요약정리를 했다. 그리고 다시 블로그 포스팅 작업을 했다.

참고로 당시 사업설명회에 참석했던 부동산들은 주택조합에 꽤나 회의적인 반응을 보이고 있었다. 취지는 좋지만 하나밖에 안 되는 '무주택 세대주'의 조건을 맞추기는 쉽지 않았기 때문이다. 더군다나 그때만 해도 우리 지역의 임대 아파트가 분양이 되던 시기였으니 웬만한 사람은 거의 집이 있어 무주택 세대주 찾기가 하늘의 별 따기였다.

자연히 이 일에 뛰어들겠다는 부동산도 없었다. 당연히 아무도 나서는 부동산이 없을 것이란 생각으로 모델하우스를 둘러보러 갔다.

텐트를 친 부동산이 있을까 궁금했지만 그럴 리는 없을 것이라 생각했다. 지역의 모든 부동산들이 안 된다고 포기한 아이템이었고 나 역시 큰 기대 없이 블로그에 올린 것이라 반신반의하면서 출근길에 모델하우스 쪽으로 차를 몰았다.

코너를 돌아오는 모서리에 천막 지붕이 바람에 팔랑거리는 게 눈에 들어왔다. 설마 하면서 모퉁이를 돌아오자 부동산 천막이 한눈에 들어오고 명함을 손에 쥐고 한 여자가 홍보를 하고 있었다. 아차, 싶었다. 한발 늦었구나 하는 생각에 나의 얼굴이 금세 굳어졌다.

그렇다고 해서 이대로 질 수는 없었다. 이미 블로그를 통해서 손님들의 반응을 확인했기 때문이다. 그 부동산은 일이 없어 그 자리에 나왔던 것이지만 나는 달랐다. 이미 검증을 한 것이다. 누구도 생각지 못한 곳에서 반응을 보았고, 이로 인해 이미 상당한 고객자료가 쌓여 있는 상태였다. 게다가 전화로 상담한 고객 하나하나를 수첩에 모두 체크해 두기까지 했다.

반면에 상대 부동산은 현장에서 명함만 나누어주고 고객자료는 확보하지 못했다. 표면적으로 나는 해놓은 일이 없었지만 내실은 탄탄했으므로 당당하게 옆자리에 텐트를 치고 시작했다. 사무실 동업자는 안 되는 일에 시간 낭비한다고 한 소리를 했지만 들리지 않았다. 고집대로 밀고 나갔다.

새로운 방식의 주택공급에 조건도 까다로워서 일하기는 힘들었지만 사람들의 반응은 예상 밖이었다. 전화가 빗발쳤다. 밥을 먹을 시간도, 화장실을 갈 짬도 허락하지 않았다. 밥 먹을 시간은 호사였다. 전화 폭주로 이미 귀는 내 귀가 아니었다. 계속되는 통화로 귀에서 이명이 생겼다. 윙윙 거리는 귀울림은 마치 중이염 환자처럼 아플 정도였다. 혼자 감당해내기 힘들었다.

하지만 분양시장은 바짝 한 달이다. 한 달간의 일정이 끝나고 나면 그 다음은 여유롭다. 병원을 갈 시간조차 없으니 꼬박 한 달을 아픔을 참아가며 일했다.

혼자 감당하기에는 손님들이나 상담이 넘쳐났다. 다른 쪽 사무실에 나가 있는 실장이 달려와서 내 손을 거들었다. 호흡이 잘 맞은 것도 한몫을 했다. 어떤 일이건 팀워크가 중요하다. 혼자 해낼 수 있는 일이 있고 협업으로 성과를 낼 수 있는 일이 있다. 한 달 내내 햇볕에 바람을 맞아가면서도 신나게 일했다. 모델하우스 안에서 분양대행을 하는 업체는 예전 다른 곳에서 본 적이 있어 눈인사 정도는 하는 사이라 일하는 데 큰 어려움은 없었다.

일이 좀 된다는 소문이 돌기 시작하자 여기저기 다른 부동산들이 텐트를 치지 시작했다. 그렇지만 선두를 빼앗기지는 않았다. 오히려 다른 부동산들이 적응을 하지 못하고 빠져나갔다. 지역주택조합은 가입조건이 일반분양 아파트보다 까다로워서 챙겨야 할 것들이 많았다. 따라서 미리 준비하고 체크해서 공부해 두었기에 그들보다 반걸음 앞서서 나갈 수 있었다. 순수하게 그 자리에서 일등을 할 수 있었다. 다른 팀들은 두세 팀 합쳐서 일을 했지만 나는 딸랑 직원 한 명과 텐트 하나로 그 자리에서 꽤 많은 돈을 만졌다. 예상하지 못한 곳에서 대어를 낚은 것이다.

잔뜩 기대했던 시장에서는 큰 결과물을 얻지 못하거나 언제나 준비는 하고 있지만 결과가 만족스럽지 못한 경우들이 많다. 반면 예상치 못한 곳에서 의외의 결과를 얻을 수도 있다. 그렇기 때문에 깨어 있는 자세로 준비를 해야만 하고, 배우는 것을 귀찮아하거나 두려워해서는 안 된다. 내가 만일 사업설명회에 다녀오고 팽개쳐 두었다면 이와 같은 결과는 없었을 것이다.

나는 지금도 모르는 것을 발견하면 어떻게든 알아보려고 한다. 책으로든 강의로든 아니면 아는 사람에게 물어서라도 알아낸다.

그때 설명회에 다녀오고 난 뒤에 모르는 것이 많고 궁금한 것이 많음에도 공부하지 않았다면 작은 성과도 내지 못했을 것이다. 또한 한 줄 블로그가 엄청난 파장을 일으키리라고는 상상하지 못했지만 새로운 홍보 마케팅에 대해서 배우려는 노력을 하지 않았다면 계속 그 자리에서 맴돌았을 것이다.

물론 그 후에도 나는 더 열심히 블로그 작업에 힘을 쏟았다. 내가 할 수 없는 부분은 아들 선배의 도움을 받았다. 디자인이며 그림, 포토샵은 처음 하기에는 힘에 부쳤지만 천천히 하나씩 나만의 것을 만들어가고 다듬어 갔다.

새로운 것을 받아들이는 데는 결단과 용기가 필요하다. 옛날의 방식이 나쁘다고 말하는 게 아니다. 모르는 것을 인정하면 지는 것으로 생각하는 사람들이 있다. 부끄러워할 것도 아니다. 날로 발전하는 현대문명에서 모르는 것은 당연하다.

모르고 덮어두는 것보다 배우고 깨우치면서 살아가는 삶에서 행복을 찾아보자. 새로운 것은 자꾸 나온다. 지금도 늦지 않다. 무엇이 되었든. 뜻하지 않은 곳에서 행운을 만날 수 있다.

편안함 뒤에는
누군가의 수고가 있다

어릴 적 내가 살던 집에는 아궁이가 있었다. 나무를 넣어 불을 때야 하는 번거로움이 있지만 겨울 새벽마다 불을 지피고 나무를 넣는 아버지의 뒷모습은 아직도 선하다. 겨울에 땔 장작을 여름 내내 쪼개고 말려 마루 밑에 재어둔다. 아버지의 수고스러움으로 우리는 겨울 내내 따뜻한 방안에서 뒹굴 수 있었다.

나를 찾는 사람에게만큼은 나 하나의 수고로 안전하고 걱정 없는 거래를 이어주고 싶다. 준비하고 계획하는 일과가 어느 가정의 튼튼한 기둥이 된다는 걸 안다. 소홀히 다룰 수 없는 이유다.

부동산 시장에 들어선 지 17년이 지났다. 10년이면 강산도 변한다. 변화의 흐름에 쫓아가려고 애쓰며 살아오지 않았다면 지금의 이 자리에 없다고 생각한다. 모르는 부분들이 나타날 때마다 새로운 배움을 찾아 나섰고 모자라는 것은 채우려고 애썼다.

새로운 것을 접할 때는 힘이 나고 무엇이든 할 수 있다는 자신감과 누구도 모르는 것을 나만 아는 것인 양 기운이 넘쳤다. 이렇듯 열정으로 일했기 때문에 17년이 지난 지금도 이 자리에 있다고 생각한다. 새로운 것들을 접하지 않았다면 쉽게 싫증내고 포기했을지도 모른다.

부동산은 하면 할수록 신세계이다. 한 분야의 것을 웬만큼 알았다고 생각했지만 또 눈을 돌려보면 새로운 것이 들어온다. 아마 죽을 때까지 공부해도 다 못할 것 같다. 신선함과 새로움이 있기에 실패하고 실패를 거듭해도 아직 발을 담고 희망을 이야기하는 건지도 모르겠다.

남들은 힘이 든다고 푸념을 한다. 나 역시도 힘들다. 일이 쉬워서 힘이 들지 않아서 하는 것이 아니다. 하면 할수록 내가 알아야 할 것들 배워야 할 것들이 넘쳐 나고 배우고 알아가는 것이 가슴을 뛰게 한다.

세법이 바뀔 때마다 공법이 새로워질 때마다 책을 찾아보고 강의를 쫓아다니는 나를 보면서 살아 있음을 확인한다. 물론 다른 직업들도 그러하겠지만.

부동산은 자기성장을 위한 공부도 해야겠지만 늘 변하는 법들로 둘러싸여 있다. 바뀐 법들을 모르고 있다면 실제 업무에서 도태되기 때문에 공부해야 만한다.

지금 부동산업계는 젊은 세대들로 빠르게 변화되고 있다. 근래 삼 년 사이에 인터넷, 스마트폰, 유튜브 등 모바일 사회가 되면서 십 년 세월 동안 바뀐 것들이 한순간 다 바뀌었다. 세상이 빠르게 움직이고 있다. 인공지능의 컴퓨터가 바둑 경기에서 인간을 이겨냈다. 요즘 말로 빛의 속도로 세상이 변한다고 한다.

빛의 속도를 따라가려면 나는 빛의 속도보다 빨라야 따라갈 수 있다. 지금 가지 배운 것들로는 부동산 시장에서 살아남을 수 없다. 내가 해왔던 방식보다도 더 빠르고 혁신적인 방법들을 익히지 않으면 안 된다.

살아남기 위해서라기보다 아직도 배우는 것이 좋다. 해서 지금도 새로운 방식들을 배우고 익히고자 교육을 받는다.

하지만 남편은 이런 나를 온전히 이해하지 못하고 교육이 있어 바쁘게 달음질 쳐 새벽길을 나서는 날이면 등 뒤에다가 얘기한다.

"일찍 온나."

그러나 그 말이 내 귀에는 들리지 않는다. 가슴 뛰는 일을 하라고 했다.

"아는 자는 좋아하는 자보다 못하고 좋아하는 자는 즐기는 자보다 못하다."

굳이 논어의 구절을 말하지 않아도 나에게는 가슴 뛰는 일이고 소명으로 느낀다.

나이 오십이 넘어 가끔은 편안함을 찾고 싶은 마음이 들지만, 아직도 새로운 것을 알아가는 기쁨에 가슴이 뛴다. 가슴 뛰는 기쁨을 함께 맞이하고 싶은 사람들은 언제든 환영한다.

부동산은 살아서 움직인다.
함께 살아서 호흡을 느끼는 여러분이 되어보시지 않겠는가.

701호 아줌마에서
기본 7천만 원 버는
공인중개사 워킹맘

지은이 김정미
발행일 2019년 9월 25일
펴낸이 양근모
발행처 도서출판 청년정신 ◆ **등록** 1997년 12월 26일 제 10—1531호
주　소 경기도 파주시 문발로 115 세종출판벤처타운 408호
전　화 031)955—4923 ◆ **팩스** 031)955—4928
이메일 pricker@empas.com